SPiCE Cafe

SPICE CAFE の スパイス料理

日々のおかずと、とっておきカレー

SPICE CAFE オーナーシェフ
伊藤一城

anonima st.

はじめに

　世界中の料理を食べてみたいと思い、約3年半かけて世界48カ国を巡りました。さまざまな料理に出会う中で、僕が興味を持ったのがスパイスでした。いろいろな国にスパイス料理は存在していて、それは日本のカレーとは別物でした。特に衝撃を受けたのが南インドの料理。やさしくて、さらさらしていて、野菜が多く、ご飯によく合う料理なんです。とりわけ印象深かったのがスパイシーなスープ「ラッサム」でした。この出会いによって、僕は自分の店を持ち、まだ日本に紹介されていない世界のスパイス料理を提供したいと思いました。

　帰国していくつかのレストランで修業をした後、生まれ育った下町の一角で、古い木造アパートを自分の手でリノベーションし、2003年にカフェとカレーの店「SPICE CAFE（スパイスカフェ）」をオープンしました。僕が現地で食べ、感じ、学んだことを、日本で日本人が作り日本人が食べる料理として表現したいと思っています。ラッサムも現地のそれとは異なり、日本の気候風土や嗜好に合わせたオリジナルレシピです。

　カレーは日本の国民食と言われるくらいなのに、スパイスとなると途端にハードルが高くなってしまいます。カレー粉やカレールーからはじまった日本のスパイス料理の悲劇です。インドにカレー味の料理なんてないですよ。カレーではないスパイス料理、カレー粉やカレールーを使わないスパイスカレーの魅力を知ってもらいたいです。

　まずは、1種類のスパイスで作る簡単なレシピからはじめてみてください。その時にぜひ、スパイスの香りを感じてください。本書では、スパイスカフェで普段お出ししているスパイス料理とカレー、デザートなどを、味はそのままに、家庭で作りやすい配合にアレンジしています。レシピに秘密なんてありません。お会いする機会があったら、何でも聞いてくださいね。

　日本人のためのスパイス料理を食卓に届けたい。この本を通して、少しでもスパイスを日常に感じてもらえたら、うれしいです。

伊藤一城

CONTENTS
目次

はじめに 003
料理をする前に 006

CHAPTER 1

ONE SPICE RECIPES IN TEN MIN.
1スパイス10分レシピ 007

ニンジンのサラダ 008
シイタケとしし唐のマリネ 010
蕪の厚焼き 012
茄子の厚焼き 014
菜の花の炒め物 016
カボチャのミルク煮 018
サツマイモのバター煮 020
ヨーグルトとキュウリのサラダ 022
ミニトマトのオイルがけ 024
ズッキーニのサラダ 026
ジャガイモの炒め物 028
鶏モモ肉のフライパン焼き 029
大根とキヌアのサラダ 030
牛肉と赤玉ねぎの串焼き 031
キャベツのマリネ 032
海老とブロッコリーのソテー 033

10種のスパイスに慣れたら…… 034

CHAPTER 2

MORE SPICE RECIPES
数種のスパイスを使って、日々のおかず ... 035

オクラとトマトの蒸し煮 036
ゴーヤと玉ねぎのフライ 038
マッシュポテト 040
レンコンと山イモの揚げ物 042
カリフラワーとグリーンピースの蒸し煮 044
茄子とトマトのペースト / チャパティ 046
クリスピースパイスオイル / 温野菜のサラダ ... 048
アジのオーブン焼き 050
スペアリブ 052
ゴアコロッケ 054
牛肉の炒め煮 056

CHAPTER 3
SPECIAL SPICY CURRY
フレッシュな美味しさ、とっておきカレー ……… 058

チキンカレー ……… 061
ラッサム ……… 064
ドライカレー ……… 066
海老カレー ……… 068
ココナッツカレー ……… 070
チキンキーマ ……… 072
ポークビンダル ……… 074
サンバル ……… 076
金目鯛カレー ……… 078

CHAPTER 4
INDIAN PICKLES
常備したいインディアンピクルス ……… 080

トマトピクルス ……… 082
茄子ピクルス ……… 082
チキンピクルス ……… 083
フィッシュピクルス ……… 083

CHAPTER 5
RICH FLAVOR RICE
香り立つスパイスご飯 ……… 084

野菜ビリヤニ / ライタ ……… 086
チキンビリヤニ ……… 088
ターメリックライス ……… 092
クミンライス ……… 092
レモンライス ……… 093
トマトライス ……… 093

CHAPTER 6
SPICY & REFRESH DRINKS
体が喜ぶリフレッシュドリンク ……… 094

クミンティー ……… 095
ハーバルスパイスティー ……… 096
チャイ ……… 097
濃厚なチャイ ……… 097
スパイスエール ……… 098
ラッシー ……… 099
ライムソーダ ……… 099

CHAPTER 7
NO SPICE DESSERTS
締めはスパイスなしのデザートで ……… 100

オレンジとグレープフルーツのゼリー ……… 101
マンゴームース / マンゴージュース ……… 102
ブランマンジェ ……… 104
カスタードプリン ……… 106
木の実のタルト ……… 108
柚子と大葉のソルベ ……… 110

CHAPTER 8
CHEF'S ESSAY
旅、スパイス、SPICE CAFEのこと ……… 111

さくいん ……… 124
スパイスセット販売のご案内 ……… 126

料理をする前に

計量について

■ 家庭で数人前のスパイス料理やカレーを作る場合、スパイスの使用量はさほど多くありません。そのため、計量スプーンは、大さじ（15ml＝cc）と小さじ（5ml＝cc）だけでなく、大さじ1/2、小さじ1/2、小さじ1/4もぜひ揃えましょう。
■ 本書では、ホール＆シードスパイスとパウダースパイスを、計量スプーンを用いて以下のようにはかります。

ホール＆シードスパイスはすくえるだけすくった「山盛り」　　パウダースパイスは「すり切り」

■ 「小さじ山盛り1/2」と書いてある場合（不思議な表現？と思われるでしょうが）、小さじ1/2サイズの計量スプーンで山盛り1杯の量を意味します。小さじ1/2をお持ちでない場合には、小さじで山盛りすくってから、その半分をお使いください。「小さじ山盛り1/4」も同様の意味になります。
■ 他の食材も、山盛りの場合は明記しています。書いていないものはすり切りではかります。
■ ひとつまみ＝3本指でつまんだ量。おおよそ小さじ1/8。
にんにく1片＝6g、玉ねぎ1個＝200〜250g、トマト1個＝200〜250g（小150g）サイズを基準としています。
■ ○g（約△個/本）　重量を優先、個（本）数は目安。
■ △個/本（約○g）　多少重量が異なってもOK、g数は目安。
■ △個/本　特に重量は問わない。
■ シナモンスティックの分量に何cmとある場合、1本を必要サイズに切って使います。

スパイスの扱いについて

■ レシピに使用するスパイスは右のような写真マークで記しました。
クミン
■ あればなおよいが入れなくてもOKなスパイスには（なくても可）と記しました。
■ 本書ではホール＆シードスパイスを多用しています。油とともに加熱して弾けさせ、香りを抽出する調理法が何度も登場します。量が少ないため、鍋またはフライパンを傾けて油をためてスパイスが浸かる状態にするとよいでしょう。スパイスによっては弾ける際に周囲に飛び散りやすいので、その場合はフタで防御してください。弾け終わった時が最大に香りが抽出され、次の材料を入れるベストタイミングとなります。
■ 「〜パウダー」と書いてある場合、ホール＆シードをミルで挽いて使うことも可能です。ただし、コリアンダーは挽いた後、ザルで漉して皮を取り除いてください。また、フェネグリークは挽きにくいため、パウダー製品を使うことをおすすめします。
■ 料理に混ざっているホールスパイスで、シナモンやクローブ、スターアニス、ベイリーフ等、かたく大きいものは食べずに除きましょう。
■ 市販のスパイス瓶は計量スプーンが入らないものが多いため、できればスプーンの入るサイズの密閉容器に移し替えるとスムーズです。
■ スパイスは鮮度が命。開封して長期間経ったものは香りが劣化しています。物によりますが、できればホール＆シードは半年、パウダーは3カ月以内に使い切りましょう。

時間について

■ スパイスの香りを抽出したり、カレーの具材を炒める等の調理工程で、どれくらいの時間なのか、（約30秒）（約2分）といった形で表記しました。使用する鍋や火加減などにより変わるため、あくまで目安としてください。

切り方について

■ 多くの料理に出てくる「玉ねぎの粗みじん切り」は6mm四方、みじん切りの場合は2mm四方、「トマトのざく切り」は1〜1.5cm角を指します。

カレーの火加減について

■ 弱火、中火、強火を色分けマークしました。

その他

■ 材料の「G＆G」についてはP.34をご覧ください。
■ 下味や仕上げなどに塩とともに使用する「こしょう」は黒こしょうを挽いたものです。これもスパイスですが、本書では調味料として扱います。ミルで挽くことをおすすめしますが、市販のパウダーでもOKです。
■ 砂糖は「グラニュー糖」「三温糖」の指定があるもの以外は種類を問いません。
■ 保存可能期間、オーブンの温度や時間等は目安です。

CHAPTER
1

ONE SPICE RECIPES IN TEN MIN.

1スパイス10分レシピ

スパイスは通常、複数を使うことで相乗効果を発揮します。日本人が七味唐辛子やワサビを意識せず自然な感覚で使えるように、インド人にはスパイスの使い方や使う量が体に染み込んでいます。複数スパイスの相乗効果を知るためには、まず一つ一つの個性を知らなければいけないと思うのです。そこで、考えてみました。一つのスパイスで、使う食材もできるかぎり単体で、なおかつ10分で調理できる、ごく簡単なレシピを。スパイスは、インド料理全般および僕の店で特に使用頻度の高い10種。この10種を知れば、さまざまなスパイス料理に応用が利きます。食材は、野菜だけで13品。さらに肉や海老も含めた3品。いつもの食材で、いつもとは違う美味しさのおかずに変身します。

クミン
Cumin

日本人が最もカレーをイメージする香り、それがクミンです。消化吸収を促進して、胃の働きをよくする効果があります。インド料理における代表的なスタータースパイスであり、特に北インドで使われます（南はP.16のマスタード）。

スタータースパイスとは調理の最初の工程で使うスパイスのこと。油にホール（粒）のままのスパイスを入れて火にかけ、スパイスを弾けさせて香りを油に移します。スパイスは油との相性がとてもよいのです。

ニンジンのサラダ

西洋料理のキャロット・ラペをクミン風味にしたもので、当店の人気メニュー。「カレーの味がする」とお客様からよく言われるのですが、実はクミンしか入っていません。「クミンの味がする」と言われるようになったらいいですね。材料も作り方もシンプルですが、油の中でホールスパイスをちゃんと弾けさせる。これ、とっても大事な基本。単にパウダースパイスを振りかけるのとは格段の差が出ます。

材料	4人分
ニンジン	正味260g（約2本）
塩	小さじ1/2
レモン汁	適量（1/4個分目安）
オリーブオイル	大さじ1
クミンシード	小さじ山盛り1/2

＊写真は普通のニンジンと金時ニンジン（京人参）の2種を使用。芯の部分は味が薄いので、できれば使わないほうがより美味しく仕上がります。
＊レモン汁の代わりにホワイトバルサミコビネガー（大さじ1）で作ると当店とまったく同じレシピになります。

作り方

1 ニンジンの皮をむき、スライサーでせん切りにし、ボウルに入れる【a】。包丁よりもスライサーのほうが切断面がギザギザして味が染み込みやすく、美味しい。

2 塩とレモン汁を①に加えてあえ、味を見て、塩とレモン汁を足すなどしてととのえる。ニンジンから出てきた水分は捨てる（水分が多い場合は手で絞る）。

3 フライパンにオリーブオイルとクミンシードを入れて中火にかける。フライパンを斜めにして、オイルにクミンが浸かる状態にするとよい。クミンのまわりにフツフツと泡が出てきて、パチパチと小さな音で弾けて香りがオイルに移ったら（約1分15秒）、②に回しかけ【b・c】、クミンが余熱で焦げないように素早くあえる。

4 器に盛り、セルフィーユ（材料外）を散らす。食べ頃は作り立て、または30分程置いて（夏場は冷蔵庫で）味がなじんだら。

a

b

c

コリアンダー
Coriander

タイで初めて食べた香菜の味の衝撃。すぐに慣れて大好きになりましたが、最初は「食えない」と思いました。さらには、スパイスのコリアンダーが香菜の種だと知りびっくり。クミンとコリアンダーの区別がつかず、使い間違えたことも。すべては経験が大事、ですね。コリアンダーは爽やかな柑橘系の香りで、複数のスパイスを使用した際には一つの香りにまとめてくれる"調和のスパイス"。インド料理はコリアンダーを使った煮込み料理と言われるくらい多用されます。

シイタケとしし唐のマリネ

コリアンダーホールを煎ることによって、香りを引き立てます。
その香りを思い切り強く料理に効かせるのではなく、ほんのりまとわせるのがコツ。
作り立て、冷蔵庫に2～3日間置いて味がなじんだもの、どちらも美味。
キノコは他のものやミックスにしてもOKですが、シイタケが一押しです。

材料　2人分

- シイタケ ………… 8枚
- しし唐 ………… 8本
- コリアンダーホール ………… 小さじ山盛り1
- A
  - オリーブオイル ………… 100cc
  - 水 ………… 大さじ1/2
  - にんにく(包丁の腹で潰す) ………… 1片
  - 塩 ………… 小さじ1/2
- こしょう ………… 適量

作り方

1. フライパンにコリアンダーホールを入れて強火にかけ、乾煎りする(約1分)。バットに取り出し、ココットや瓶の底などで押し潰す【a・b】。
2. シイタケは軸を取る。しし唐に破裂防止の穴を一つ、楊枝で開ける。ともにグリルパンで焼き、軽く塩(材料外)を振り、シイタケは4等分に切る。
3. フライパンにAと①を入れて強火にかけ、沸騰して30秒経ったら火を止め、シイタケとしし唐を入れて【c】からめる。器に盛り、こしょうを振る。

a

b

c

カイエンペッパー
Cayenne Pepper

元々は南米に位置するフランス領ギアナのカイエンヌ産の唐辛子に由来しますが、今は主にパウダー状の赤唐辛子製品の総称になっています。メーカーによって使用する唐辛子の種類やブレンドが異なるため、辛さを見て量を加減します。

「チリペッパー」や「レッドペッパー」も同じですが、「チリパウダー」は唐辛子以外に数種類のスパイスやハーブをミックスしたもので、別物なのでご注意。ホール状の赤唐辛子はP.24とP.32で使用しています。

蕪の厚焼き

厚切りの蕪をじっくり焼くことで、ねっとり濃厚な味わいになります。
野菜の潜在能力に、ただただ驚きます。
その甘味に対し、カイエンペッパーの辛味でキリッと締めます。
カイエンペッパーは乾煎りすることで劇的に香り高くなります。

材料	2人分
蕪	2個
カイエンペッパー	適量（小さじ1/4以下）
オリーブオイル	大さじ1
塩、こしょう	各適量

＊写真はあやめ蕪を使用。

作り方

1 蕪は皮つきのまま（かたい場合はむいて）縦5mm厚に切る。
2 フライパンにカイエンペッパーを入れて弱火にかけ、香り立つまで乾煎りして【a】(約1分)、取り出す。
3 ②のフライパンをふくか洗うかして中火にかけ、オリーブオイルを入れて熱し、蕪を広げ入れ、動かさずに（均一に焼き色がつかないようならば多少向きを変えて）焼く。きれいな焼き色がついたらひっくり返し、中弱火にして火を通す。
4 器に盛り、お好みの量の②と【b】塩、こしょうを振りかける。

a

b

ターメリック
Turmeric

ウコンの名で知られる、ショウガに似た根茎を乾燥させてパウダー状にしたもの。カレーをはじめさまざまなインド料理の色づけに使われます。火の通りが足りないと苦味が残るので、仕上げに振るようなことはしません。ケララ地方のホテルの厨房で働いていた時、包丁で指を切ったシェフが血だらけの傷口にターメリックを塗り込んでいるのを見ました。殺菌・止血効果があると言われていますが、本当でした。スパイスが生活に根づいているのですね。

茄子の厚焼き

ターメリックを塗ることによって焼き面が黄金色になり食欲を誘います。
主に色づけのためのスパイスなので、いろいろな食材で試してみては？
ただし、入れ過ぎず、料理のはじめに使うこと。
僕もインド料理の既存のレシピにできるだけ縛られないようにしたいと思っています。日本発のスパイス料理がどんどんできるといいですね。

材料　　　　　　　　　　　　　　　　　2人分
茄子 ……………………………………………… 2本
塩 ………………………………………………… 適量
ターメリック …………………………………… 適量
オリーブオイル ………………………………… 大さじ2
レモン汁 ………………………………………… 1/8個分

作り方

1. 茄子を8mm厚の輪切りにし、両面に塩を振る。ターメリックを両面に薄く指で塗る【a】。3〜4分置き、出てきた水気をキッチンペーパーでふき取る【b】。
2. フライパンにオリーブオイル大さじ1を入れて強火にかけて熱し、①の茄子を広げ入れ、動かさずに（均一に焼き色がつかないようならば多少向きを変えて）焼く。
3. きれいな焼き色がついたら、オリーブオイル大さじ1を加え、ひっくり返し【c】、中火で反対の面も焼き色をつける。器に盛り、レモン汁を振りかける。刻んだあさつき（材料外）を振る。

a

b

c

マスタード
Mustard

南インドで使われることが多いスタータースパイスです。西洋料理ではピクルスに使うスパイスとして知られています。乾燥した粒自体は、かじるとかすかな苦味と辛味を感じる程度ですが、油で抽出すると、インドのベンガル地方でよく使われるマスタードオイルのように独特の香りがあらわれます。すり潰し、液体を加えて練ると辛味が引き出されたペースト状のマスタードになります。イエロー、ブラウン、ブラックがあり、本書ではイエローを使用しています。

菜の花の炒め物

カレーの副菜に。チンゲン菜、小松菜、ホウレン草など何でもOK。
マスタードシードが弾け終わったタイミングで野菜を入れてください。
早過ぎると香りが出ないし、遅過ぎると焦げてしまいます。
他の料理のレシピにも出てくるテクニックなので、
ここでスタータースパイスの使い方をしっかり身につけましょう。

材料　　　　　　　　　　　　　　　　2人分

菜の花	1/4束
オリーブオイル	大さじ1
マスタードシード	小さじ山盛り1
塩	適量
レモン汁	1/6個分
ゴマ油	小さじ1/2

＊ゴマ油をマスタードオイルにするとより本格的な味に。

作り方

1. 菜の花の根元の先端をカットし、茎が太いものは十字に隠し包丁を入れる。さっと下ゆでして冷水に取り、水気をよく絞る。
2. フライパンにオリーブオイルとマスタードシードを入れて強火にかける。パチパチと弾け出したら【a】火を止めてフタをして、弾ける音がわずかになってきたらフタを取り、菜の花を入れて【b】強火にして手早く炒め、塩を振る（何度か料理して、弾け終わる感覚がつかめるようになったならば、火を止めずに調理してOK）。
3. 仕上げにレモン汁とゴマ油を入れてさっと炒め、味を見て塩でととのえ、器に盛る。

a

b

シナモン
Cinnamon

ほのかな甘い香りで、お菓子やお茶との相性のよさが思い浮かびますが、カレーや煮込み料理などにもよく使われます。クスノキ科の木の皮を乾燥させたもので、同じ科の仲間にカシア（チャイニーズシナモン）があります。シナモンは香りが繊細でカシアは強め、見た目もシナモンは細く、カシアは厚くかたいです。インドではカシアをシナモンとして使用している場合が多く、僕の店でもカシアですが、本書では日本で一般的に入手しやすいシナモンで作っています。

カボチャのミルク煮

カボチャと牛乳、シナモンの相性はとてもいいのですが、
シナモンを入れ過ぎるとデザートみたいになってしまいます。
これはあくまでおかず。ほんのり香る程度に仕上げます。
サツマイモで作っても美味しいです。

材料	2人分
カボチャ	100g
牛乳	200cc
シナモンスティック	3cm×2本
塩	ひとつまみ
こしょう	適量
コーンスターチ	小さじ1/2

＊写真は赤皮栗カボチャを使用。

作り方

1　カボチャは皮つきのまま幅5cm×厚さ5mmに切る。
2　コーンスターチ以外のすべての材料をフライパンに入れて中火にかける【a】。
3　カボチャがやわらかくなったら弱火にして、水分が最初に火にかけた時の1/3くらいになるまで煮詰める。
4　コーンスターチを同量の水で溶き、③に加えて【b】混ぜ、軽くとろみをつけて火を止め、器に盛る。

クローブ
Clove

丁字という、釘のような形をした植物のつぼみを乾燥させたものです。実は、クローブは日本人の大好きなスパイスだと僕は思っています。スパイシーなインド系カレーで、日本人が美味しいと反応するのはクローブが多く使われたレシピであることが多いからです。独特の漢方薬のような香りに食欲が刺激されるのでしょう。とは言え、入れ過ぎると薬臭くなるので、ご注意を。シナモン、カルダモンとともに、いわゆるガラムマサラを形成する三大要素の一つです。

サツマイモのバター煮

肉の臭み消しや他のスパイスと合わせる料理には向くクローブですが、
単体で使い、しかも10分でできる野菜料理となるとインドにも例がなく、
唯一、試行錯誤しました。その結果がこちら。
単調な味になりがちなサツマイモが新しい表情を見せてくれました。

材料　　2人分

サツマイモ	100g
食塩不使用バター	40g
クローブパウダー	小さじ1/2
塩	ひとつまみ
白ワインビネガー	小さじ1/4
蜂蜜	小さじ2
レモン汁	1/8個分
こしょう	適量

＊クローブパウダーはホールをミルでパウダー状にする、または市販品。

作り方

1. サツマイモは皮つきのまま長さ5cm×1cm角の棒状に切る。
2. フライパンを強火にかけてバターを溶かし、中火にしてクローブパウダーを入れ【a】、フライパンをゆすって香りを立てる（約10秒）。
3. 水150cc、サツマイモ、塩、白ワインビネガーを入れて強火にし、沸騰したら中火にしてフタをする。サツマイモにスッと串が通るまで煮る【b】。煮汁が足りなければ途中で水を足し、多く余るようなら煮終わったサツマイモをいったん取り出し、火を強めて水分を飛ばす。
4. 蜂蜜とレモン汁を加えてからめる。
5. 器に盛ってこしょうを振り、レモンのスライスとセルフィーユ（ともに材料外）を添える。

a

b

カルダモン
Cardamon

スパイスの女王と呼ばれる、高貴な甘さと爽やかな香り。インド原産で、肉系カレーに使うことが多く、ガラムマサラの主な構成要素の一つ。コーヒーに入れたり、スイーツにも使います。僕がホームステイしたインドの家のマダムは乗り物酔い対策として、カバンにカルダモンを常備していました。一粒かじると気分が爽やかになり、口臭予防にもなります。グリーンのサヤに包まれたグリーンカルダモンが主ですが、インドには別種のブラックカルダモンもあります。

ヨーグルトとキュウリのサラダ

カルダモンを潰すことによって、香りがより引き立ちます。
辛いカレーの口直しとしてお召し上がりください。
ちなみにインドではあまり多くの生野菜は食べられていませんが、
キュウリ、トマト、玉ねぎが定番。塩、レモン汁、ヨーグルトの
いずれかで、あるいは組み合わせて味つけます。

材料	4人分
キュウリ	2本
カルダモンホール	5個
プレーンヨーグルト	大さじ山盛り2
塩、こしょう	各適量

作り方
1 キュウリはヘタを取り、乱切りにする。
2 カルダモンの皮をむき【a】、ココットや瓶の底などで押し潰す。
3 ボウルにキュウリを入れて、塩、こしょうを軽く振り、ヨーグルトをかけて②を振り【b】、全体を混ぜる。味を見て塩でととのえ、器に盛る。ディル（材料外）を飾る。

a

b

ONE SPICE RECIPES IN TEN MIN.

赤唐辛子
Chili

スパイスは辛いと思われがちですが、辛いのは唐辛子とこしょうくらい。"スパイシー"とは本来、スパイスの香りが際立っている状態です。赤唐辛子（鷹の爪）には脂肪を燃焼させる作用があるので、夏は体を冷やすのに役立ちますが、冬場はあまり摂らないようにします。辛さが苦手な人は種を取るとだいぶやわらぎます。インドでは日本人がびっくりするくらい唐辛子を加熱します。焦げる直前まで火を入れ、香ばしい香りを生かすのです。

ミニトマトのオイルがけ

加熱した赤唐辛子の香ばしさをトマトに移します。
スリランカの料理をアレンジして削り節を使いました。
スリランカにはモルディブフィッシュという
カツオ節の原型のようなものがあり、カレーのだしに使ったりするのです。
前菜またはカレーのお供にどうぞ。

材料　　　作りやすい量

ミニトマト	約15個
削り節（粉末）	大さじ1/2
塩	ひとつまみ
A　オリーブオイル	大さじ1 + 1/2
赤唐辛子（ちぎって種を除く）	1本
にんにく（みじん切り）	1片

＊写真はカラフルなミニトマトを使用。
＊削り節の量は、ミルまたは包丁で細かくした状態ではかります。

作り方

1 ミニトマトを湯むきして水気を切り、ボウルに入れる。
2 粉末状にした削り節と塩を①に加える。
3 フライパンにAを入れて弱火で加熱し、にんにくがこんがり色づいたら②に回しかけ【a・b】器に盛る。時間が経つとトマトから水分が出るので作り立てをどうぞ。

a

b

フェンネル
Fennel

稲のもみのような形をしているウイキョウの種。地中海地方原産で、インドや中国にも広まっていきました。中国のミックススパイス、五香粉には、スターアニス、クローブ、シナモンとともにフェンネルが入ります。魚と相性がよく、アニスにも似た独特の甘い香りが魚の生臭さを消してくれます。口臭予防や消化促進、利尿などの作用があり、インド料理屋さんでは、レジの横に、カラフルな砂糖でコーティングされたフェンネルが置かれていますよね。

ズッキーニのサラダ

フェンネル独特の香りをレモンと合わせて、
爽やかなサラダにしてみました。食欲の落ちやすい真夏に、
スパイスの消化促進作用を借りて、もりもり食べてください。
ズッキーニは低カロリーでカリウムやβ-カロテンなどが含まれています。

材料	2人分
ズッキーニ	2本
フェンネルシード	小さじ山盛り1
塩	適量
レモン汁	1/4個分
エクストラヴァージンオリーブオイル	大さじ1/2

＊写真のズッキーニは緑と黄色の皮の2色を使っていますがどちらでもOK。

作り方

1. フライパンにフェンネルシードを入れて中弱火にかけ、香りが出て手でシードの表面を触って温かく感じるまで乾煎りする【a】。包丁でざく切りにする。
2. ズッキーニをピーラーで縦にスライスする。沸騰した湯に入れてさっとゆで、氷水に取って冷まし、キッチンペーパーまたはクロスで水気をふく。
3. ボウルにズッキーニを入れ、塩、①のフェンネルシード【b】、レモン汁、エクストラヴァージンオリーブオイルの順に加えながらあえる。くるりと巻いて器に盛る。

a

b

ジャガイモの炒め物

クミン

インドの家庭で日常的に食べられているおかずで、ビールのおつまみにも合います。
ジャガイモを潰してカレーライスと混ぜて食べてみてください。
できればインド式に手で! カレーは手で食べたほうが美味しいと実感できるはず。

材料　　　　　　　　　　　　　　　　2〜4人分

ジャガイモ	300g（約2〜3個）
オリーブオイル	大さじ1
クミンシード	小さじ山盛り2
A ミント（粗切り）	大さじ山盛り2
しし唐（小口切り）	2本
香菜（粗切り）	大さじ山盛り1
塩、こしょう	各適量

＊写真はインカのめざめ、ノーザンルビー、シャドークイーンなど数種の
　ジャガイモを使用。

作り方

1　ジャガイモは皮をむき1cmの角切りにする。
2　フライパンにオリーブオイルとクミンシードを入れて中
　　火にかけ、パチパチと弾けたら（約1分15秒）、ジャガイモ
　　を入れ、火が通るまで炒める【a・b】。
3　Aを加え、塩、こしょうで味をととのえて器に盛る。

鶏モモ肉のフライパン焼き

料理工程のはじめにコリアンダーを使うことが大事です。
火の通りにくいスパイスで、じっくり火を通すことで香りが出てくるからです。
フライパンに肉を入れたらむやみに動かさず、しっかりと焼き色をつけてから裏返すこと。

材料	2人分
鶏モモ肉	300g（約1枚）
コリアンダーパウダー	大さじ1＋小さじ1
オリーブオイル	大さじ2
にんにく	1片
塩、こしょう	各適量

＊コリアンダーは量が多いので市販のパウダーを使用。ホールを自分で
　パウダーにする場合には、ミルで挽いた後、ザルでふるってください。

作り方

1. 鶏モモ肉を2cm角に切り、塩、こしょう、コリアンダーパウダーをまぶす【a】。
2. フライパンにオリーブオイル、包丁の腹で潰したにんにくを入れて中弱火にかけ、にんにくが色づいたら、中火にして鶏肉の皮面を下向きにして入れる。
3. あまり動かさずに焼き、皮面がこんがり焼けたら裏返し【b】、フタをして中弱火にし、中まで火を通す。
4. 器に盛り、こしょうを振り、お好みで粗切りのイタリアンパセリとレモン汁（ともに材料外）を振る。

大根とキヌアのサラダ

ターメリック

キヌアは南米原産の穀物。厳しい気候条件でも栽培でき、白米に比べ低糖質で、タンパク質や食物繊維などが豊富なスーパー穀物として近年注目されています。ターメリックを加えてゆでると、きれいな黄色に仕上がります。

材料　2人分

キヌア	大さじ3
ターメリック	小さじ1/2
大根	200g
香菜（粗切り）	大さじ山盛り4
A ┌ 塩	適量
├ レモン汁	大さじ1/2
└ 赤ワインビネガー	小さじ1
エクストラヴァージンオリーブオイル	小さじ1

＊写真は青首大根、黒大根、紫大根、紅芯大根を使用。
＊キヌアが入手できない場合は押し麦で。
＊香菜の代わりにしし唐4本を小口切りにして加えてもOK。

作り方

1. 鍋に水300cc、キヌア、ターメリックを入れて、強火にかけ、沸騰したら中火にして約6分ゆでる【a】。茶漉しに取って水切りする。
2. ボウルにキヌア、5mm角に切った大根、香菜を入れて、Aを順に加えてあえる【b】。
3. 味を見て塩加減と酸味をととのえ、仕上げにエクストラヴァージンオリーブオイルを混ぜて、器に盛る。

a

b

牛肉と赤玉ねぎの串焼き

マスタード

P.16のようなスタータースパイスとしての使い方とは異なる手法です。
乾煎りして香ばしい食感を出し、ほのかな辛味と苦味を生かします。
ゴマにも似た風味でおもしろいですよ。

材料　　　　　　　　　　　　　　　　　2串分

牛肉（ロース、モモなど）……………………… 160g
赤玉ねぎ ……………………………………… 1/2個
マスタードシード ……………………… 小さじ山盛り2
オリーブオイル ………………………………… 適量
塩、こしょう …………………………………… 各適量
レモン ………………………………………… 適量

作り方

1. フライパンにマスタードシードを入れて強火にかけ、手でシードの表面を触って温かく感じるまで乾煎りし（約1分半）、取り出す。ココットや瓶の底などで潰す【a】。
2. 牛肉を20gずつに切り分け、塩、こしょうをして①をまぶし【b】、オリーブオイルを軽くかけて指で塗り広げる。
3. 赤玉ねぎをくし形切りにして、肉と交互に金串に刺し、グリルパンで両面を焼く。
4. 器に盛り、くし形に切ったレモンを添える。

a

b

キャベツのマリネ

赤唐辛子

オープン前、数え切れない程通った素晴らしいカレー屋さんがありました。
これはそのお店の料理を真似て必死に作り、当店でも定番となったものです。
ご主人に挨拶に行こうと思った時にはもう閉店してしまってました。作るたびに思い出が蘇ります。

材料　　　　　　　　　　　　　　　作りやすい量

キャベツ		250g (約1/4個)
A	塩	小さじ1
	三温糖	大さじ1
	乾燥バジル	小さじ山盛り1/2
B	オリーブオイル	大さじ3
	赤唐辛子 (輪切り)	1/2本
	にんにく (スライス)	1片
白ワインビネガー		大さじ1
塩		適量

作り方

1. キャベツを1cm角に切り、Aとともに大きめのボウルに入れ、手で軽くもむ。
2. フライパンにBを入れて強火にかけ、にんにくがこんがり色づいたら火から下ろし、20秒待つ。白ワインビネガーを少しずつ加える【a】。①に回しかけ【b】、全体にあえ、塩で味をととのえる。3日間冷蔵保存可能。

海老とブロッコリーのソテー

ベーシックな組み合わせですが、そこにスパイスが加わるとひと味違う一品に。
ナッツで食感にアクセントをつけるとより美味しくなります。
海老は白ワインとレモン汁入りの湯で臭みを取り、余熱で火入れすることで身がかたく縮まるのを防ぎます。

フェンネル

材料　2人分

海老（ブラックタイガーなど）	8尾
ブロッコリー	1/2株
白ワイン	大さじ1
レモン汁	1/8個分
A　オリーブオイル	大さじ3
フェンネルシード	小さじ山盛り1
にんにく（みじん切り）	1片
フライドカシューナッツ	適量（なくても可）⇒P.86
塩	適量

作り方

1. ブロッコリーを小房に分け、塩少々を入れた熱湯800ccでゆで、ザル等ですくい上げて水気をよく切り、ボウルに入れる（鍋の湯はとっておく）。
2. ①の鍋に白ワインとレモン汁を加え、沸いたら海老を入れる。再び沸騰したら火を止めて3分置いてから取り出し、水気を切る。殻をむき、縦半分に切り、背ワタを取る。①のボウルに入れる。
3. フライパンにAを入れて弱火にかける。にんにくがこんがり色づいたら②に回しかける【a・b】。
4. ざく切りにしたフライドカシューナッツを加えてあえ、塩で味をととのえて器に盛る。

10種のスパイスに慣れたら……

1スパイスレシピで使用した基本10種のスパイスの他に、ここから先のページで登場するスパイスや、料理の味のベースとなるものをご紹介します。

G&G（ガーリック＆ジンジャー）
Garlic & Ginger
インド料理店では常備しているもので、本書でも特にカレーのベースとして頻繁に登場します。にんにくとショウガをすりおろし、同量で合わせ、1割程度の水を足したもの。ミキサーを使う場合はミキサーが回る最低量の水を加えてください。

黒こしょう
Black Pepper
すっきりした辛味と刺激があり、世界で最も広く使われているスパイス。インド、ネパール、ボルネオ、タスマニア、マダガスカル等、産地によって香りと辛さに特徴があります。ホールを油に入れてスタータースパイスとしても使います。

ガラムマサラ
Garam Masala
北インドでよく使われるブレンドスパイスで日本でも知名度が高いですが、南インドではあまり使いません。シナモン、クローブ、カルダモンをベースに、各家庭やレストランでさまざまな配合がされています。

フェネグリーク
Fenugreek
豆の種子を乾燥させたもので、スタータースパイスとして使うことが多いです。生だと苦く、火を入れるとキャラメルのような甘い香り、さらに火を入れるとまた苦味が出てくる、おもしろくてちょっと難しいスパイスです。

スターアニス
Star Anise
八角。星のような形と、アニスに似た甘い香りがすることから、この名に。かすかな渋味や苦味もあります。主に中国料理で使われ、ブレンドスパイスの五香粉に入っています。鶏肉や豚肉と好相性。

ベイリーフ
Bay Leaf
別名ローリエ。月桂樹の葉を乾燥させることで、青臭さが取り除かれ、爽やかな香りのスパイスになります。欧米の煮込み料理によく使われますが、インドではスタータースパイスとして油の中に入れます。

サフラン
Saffron
一つの花から3本しか採れないサフランの花のめしべを乾燥させたもの。微量の使用で料理にきれいな黄金色をつけることができ、香りも豊か。他のスパイスと違い、油より水との相性がよいのが特徴です。

さらに本格的な味を目指すなら

気軽にスパイス料理＆カレーを作っていただきたいので、日本ではまだあまり一般的でないスパイスはレシピの中でオプション扱いにしていますが、プロ級の味を目指す方の次のステップとしてぜひ揃えてほしいスパイスです。

カレーリーフ
Curry Leaf
（フレッシュ／ドライ）
南インドやスリランカで必須のスパイス。自家栽培している家も多いです。火を入れるとゴマや柑橘の香りがします。乾燥品が一般流通していますが、生が手に入ればぜひお試しを。

パンダンリーフ
Pandan Leaf
こちらもスリランカ料理に欠かせません。タイ料理でも使われます。火を入れるとゆでた枝豆のような甘い香りがします。和名ニオイアダン。乾燥と冷凍品が流通しています。

カロンジ
Kalonji
英名ニゲラ。東インドのベンガル地方でよく使われ、ブレンドスパイスのパンチフォロンにも入っています。香りは強くなく、独特の苦味を感じます。木の実やオレガノのような風味も。

ヒング
Hing
英名アサフェティダ。セリ科の植物の根や茎から抽出した液が原料。主に南インドで使われます。強烈な硫黄臭が火を入れると旨味に変化。ごく少量の使用で料理の深みが格段に増します。

CHAPTER
2

MORE SPICE RECIPES

数種のスパイスを使って、日々のおかず

カレー粉の味ではない、スパイス本来のそれぞれの香りをバランスよく組み合わせ、相乗効果がもたらす美味しさを体感してみましょう。慣れれば、お好みの調合ができます。それがスパイス料理の醍醐味です。覚えておきたいのは、スパイスは香りだということ。鼻をつまんでスパイスをなめても、差異はあまり感じられません。スパイスは風味を形作っているのです。醤油みたいにズバッと味を決めることはないけれども、だからこそ汎用性がある。肉・魚料理には臭み消しや味に奥行きを出す効果があるし、野菜料理にスパイスを使えば、飛躍的にバリエーションが増えます。なにしろインド国民の6割がベジタリアンですから。世界中のベジタリアンに言いたい。野菜料理はインドだよって。スパイスをカレーだけに使うなんてもったいない！

オクラとトマトの蒸し煮

ターメリック　カイエンペッパー

インドでホームステイを何度かしましたが、
チキンカレーなどの肉料理が出てくるのは週1回程度で、
たいていは季節の野菜または豆を使ったカレーとサブジです。
サブジとは野菜のおかずで、1～2種程度をシンプルにスパイス炒めや蒸し煮にしたもの。
カリフラワーのサブジ、カボチャのサブジ、インゲンのサブジなど、
個々のサブジとカレーをお皿の上で食べ手が好きなように混ぜて食べるんです。
ヨーグルトを混ぜたりもします。このオクラとトマトもサブジの一品です。

材料　　4人分

オクラ	30本
トマト	1個
玉ねぎ	1/2個
オリーブオイル	大さじ1
G&G	大さじ1
A ┌ ターメリック	小さじ1/2
│ カイエンペッパー	ひとつまみ
└ 塩	ひとつまみ
レモン汁	1/4個分
塩	適量

作り方

1　オクラはヘタを取り、斜めに2～3等分に切る。トマトは1cm角に切る。玉ねぎは粗みじん切りにする。

2　鍋にオリーブオイルを入れて熱し、玉ねぎを入れ、透明になるまで中火で炒める（約3分）。

3　G&Gを入れて【a】炒め、香りが立ったら（約30秒）、Aを入れる【b】。炒めてパウダースパイスの香りを立たせ、粉っぽさを飛ばす（約30秒）。

4　オクラを加え【c】軽く混ぜて（混ぜ過ぎると粘る）、フタをして弱火で蒸し煮にする（約2分半）。トマトとレモン汁を入れ【d】、中火にしてさっと炒め、塩で味をととのえる。冷めて味がなじんだ頃に食べても美味しい（保存は不向き）。

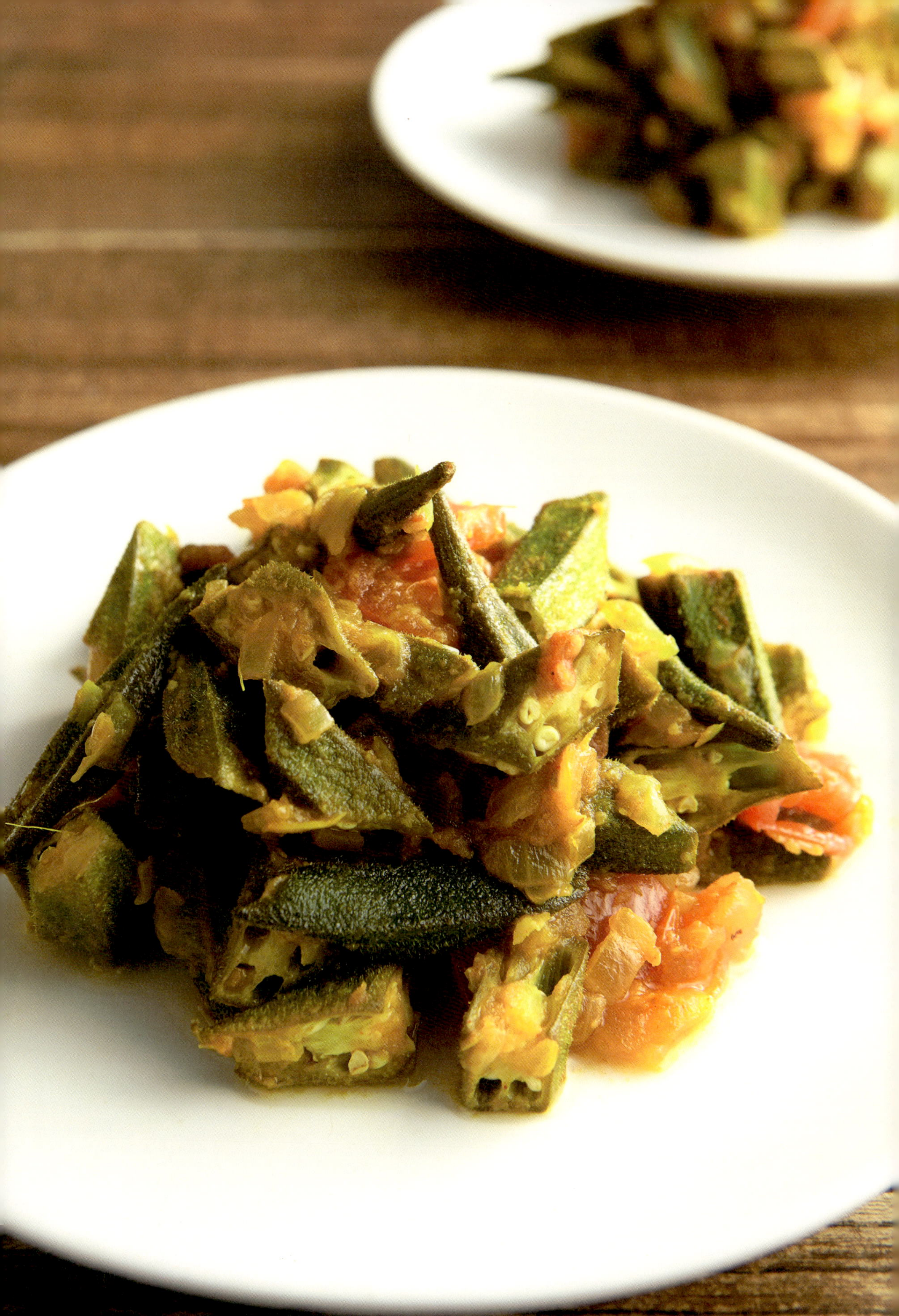

ゴーヤと玉ねぎのフライ

南インドのケララの家庭で習った絶品おかず。
カレーとともにご飯にのせて、あるいはビールのおつまみにも。
インドではゴーヤの種は取らずに揚げます。
種はちょっとかたいですが、それもまたオツですよ。
揚げた後、表面を叩くとかたい音がするくらい、しっかり揚げるのがポイント。

材料　4人分

ゴーヤ	1/2本
玉ねぎ	1個
A　コーンスターチ	120g
薄力粉	60g
G&G	大さじ4 (75g)
白ワインビネガー	大さじ2＋小さじ1
ガラムマサラ	大さじ1＋小さじ1
ターメリック	小さじ1
カイエンペッパー	小さじ1/2
塩	小さじ1
サラダ油（揚げ油用）	適量
塩	適量

＊白ワインビネガーは、南インドでは甘い香りのココナッツビネガーを使います。手に入ればお試しを。

作り方

1. ゴーヤはスプーンで種を取って3mm厚に切り、玉ねぎは繊維に沿って同じく3mm厚に切る【a】。
2. Aの材料【b】をすべてボウルに入れてざっと混ぜる。様子を見ながら水約100ccを加え、泡立て器で混ぜて衣を作る。垂らすとトロトロと少し積もって消えるくらいの濃度が目安【c】。
3. ゴーヤと玉ねぎをすべて②に入れて手であえる【d】。
4. 180℃に熱した油に、ゴーヤと玉ねぎをばらしながら入れる。時々、箸やかす揚げですくってばらすようにして【e】、4分程かけて揚げる。いったん網に上げた後、キッチンペーパーの上で油を切り、器に盛って塩を振る。

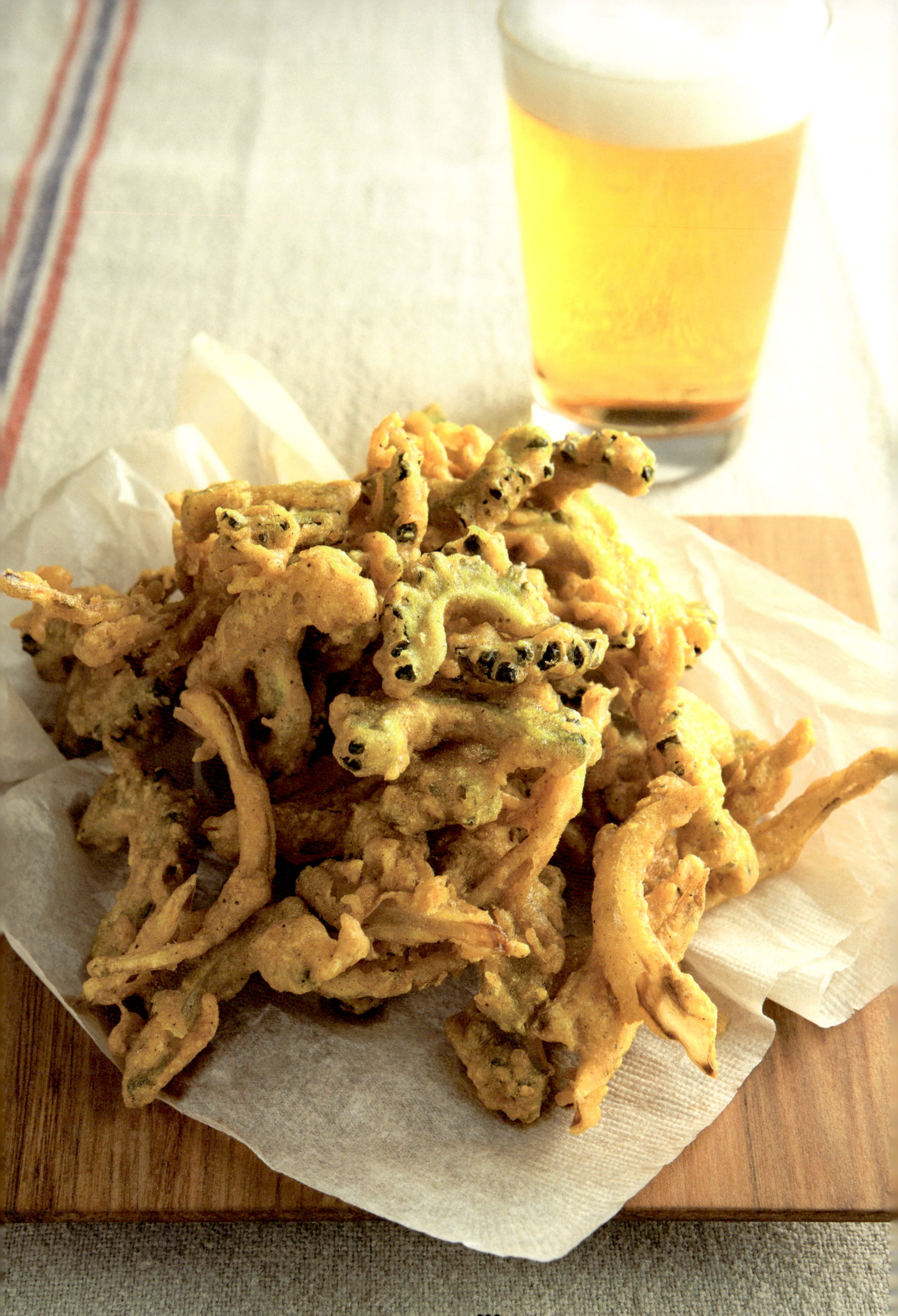

マッシュポテト

マスタード　ターメリック

インドではアルマサラと言い、アルはジャガイモ、
マサラはミックススパイスの意味です。
カレーのお供にしたり、チャパティ（P.47）や
ドーサと呼ばれるパン類と一緒に食べます。
あっさりした味わいなので、箸休めにどうぞ。
当店の定番メニューの一品でもあります。

材料　　　　　　　　　　　　　　　　　4人分

ジャガイモ	2個（正味約300g）
オリーブオイル	大さじ1/2
A　マスタードシード	小さじ1
ムングダール	小さじ2（なくても可）
チャナダール	小さじ1（なくても可）
カレーリーフ	5枚（なくても可）
B　しし唐（小口切り）	1本
玉ねぎ（粗みじん切り）	大さじ山盛り2
ニンジン（粗みじん切り）	大さじ山盛り1
C　ターメリック	小さじ1/2
塩	小さじ1/2
塩、こしょう	各適量

＊ムングダールは緑豆、チャナダールはヒヨコ豆、ともに皮なし半割を使用。

作り方

1. ジャガイモの皮をむいて、2～3等分に切り、やわらかくなるまでゆでる。ザルに上げて水気を切り、ボウルに入れて潰す。粒が少し残るくらいで大丈夫。

2. フライパンにオリーブオイルとAを入れて強火にかける【a】。フライパンを斜めにしてオイルにスパイスや豆が浸かる状態にし、マスタードシードがパチパチと弾け出したら火を止めてフタをする。弾ける音がわずかになってきたらフタを取り、カレーリーフを入れ、中火にして2秒経ったらBを入れて【b】炒める（何度か料理して、弾け終わる感覚がつかめるようになったならば、火を止めずに調理してOK）。

3. 玉ねぎが透明になったら、Cを入れて【c】炒める（約5秒）。

4. 強火にして水100ccを入れ、①を加え【d】かき混ぜる。水分が少なくなり、まとまってくるまで煮詰めて（約1分）塩、こしょうで味をととのえる【e】。冷めて味がなじんだ頃に食べても美味しい（保存は不向き）。

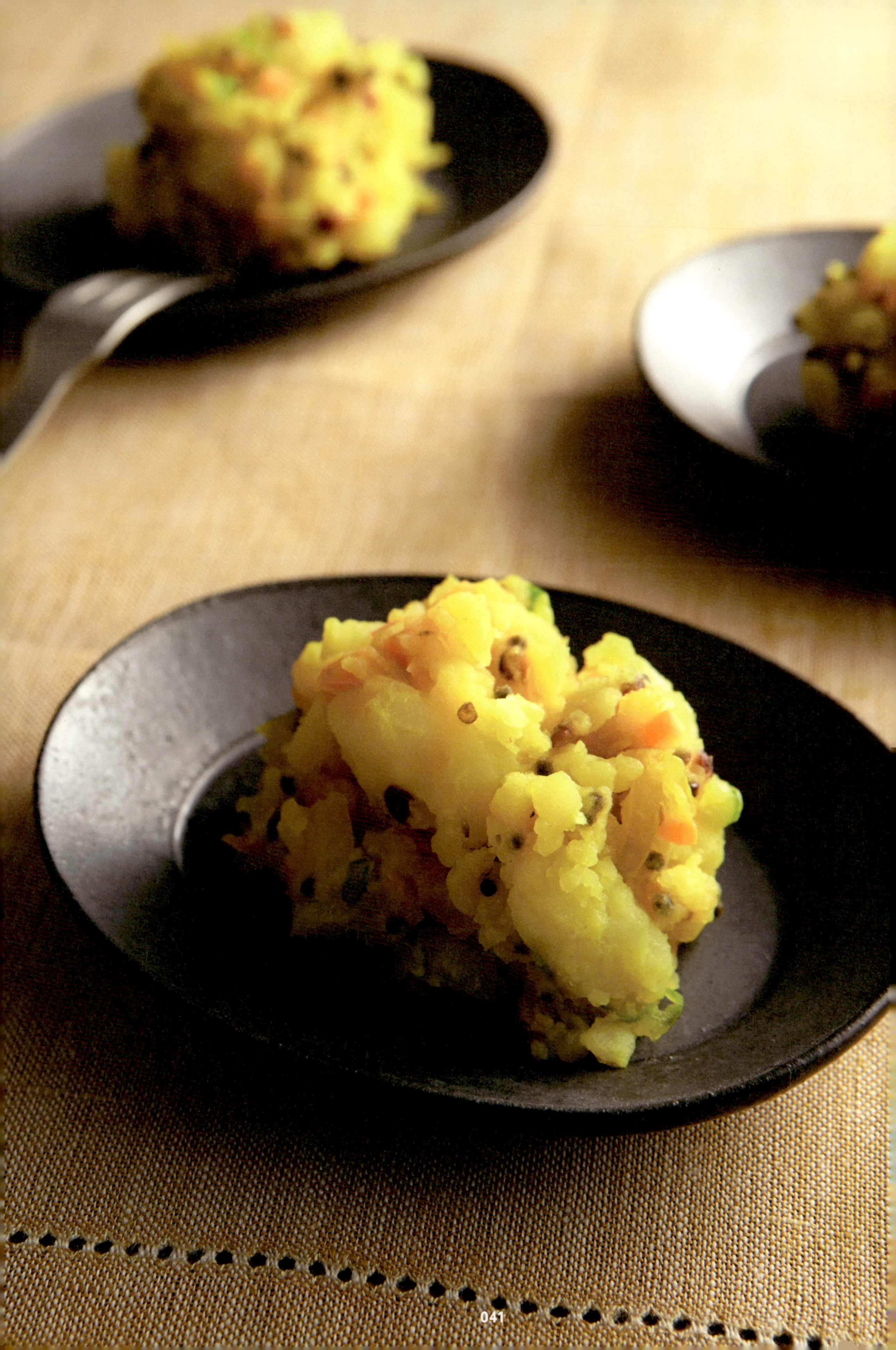

レンコンと山イモの揚げ物

ハスはインドの国花なんですよ。
レンコンや山イモはカレーに入れたりサブジにも使います。
コリアンダーをホールで使うことでカリッとした食感を楽しめ、
パウダーよりもっと柑橘系の香りを感じることができます。
隠し味はフェネグリークパウダーの苦味。
ほんの少し入れるだけで味のバランスがよくなります。

クミン　コリアンダー
ターメリック　フェネグリーク

材料　4人分

レンコン	300g
山イモ（長イモ）	300g
塩	適量
オリーブオイル	大さじ2
A　クミンシード	小さじ山盛り1/4
コリアンダーホール	小さじ山盛り1/4
にんにく（スライス）	1片
B　ターメリック	小さじ1/4
フェネグリークパウダー	ひとつまみ
サラダ油（揚げ油用）	適量

作り方

1. レンコンは皮をむいて8mm角、山イモは皮をむいて5mm角に切り、ボウルに入れ、5分程水にさらし、ザルに上げて水気をよく切る【a】。キッチンペーパーの上に広げて水気を取ればよりよい。

2. 180℃に熱した油でレンコンと山イモを揚げ（約5〜7分）、ザルに上げて【b】、キッチンペーパーの上で油を切り、塩を振る（そのまま食べて美味しいと思うくらいの加減に）。

3. 鍋にオリーブオイルとAを入れて【c】中火にかけ、香りが立ったら（約1分15秒）、弱火にしてBを入れ【d】、焦がさないように炒める（約5秒）。

4. ②を入れて【e】火を止め、からめて器に盛る。粗切りのイタリアンパセリ（材料外）を散らす。

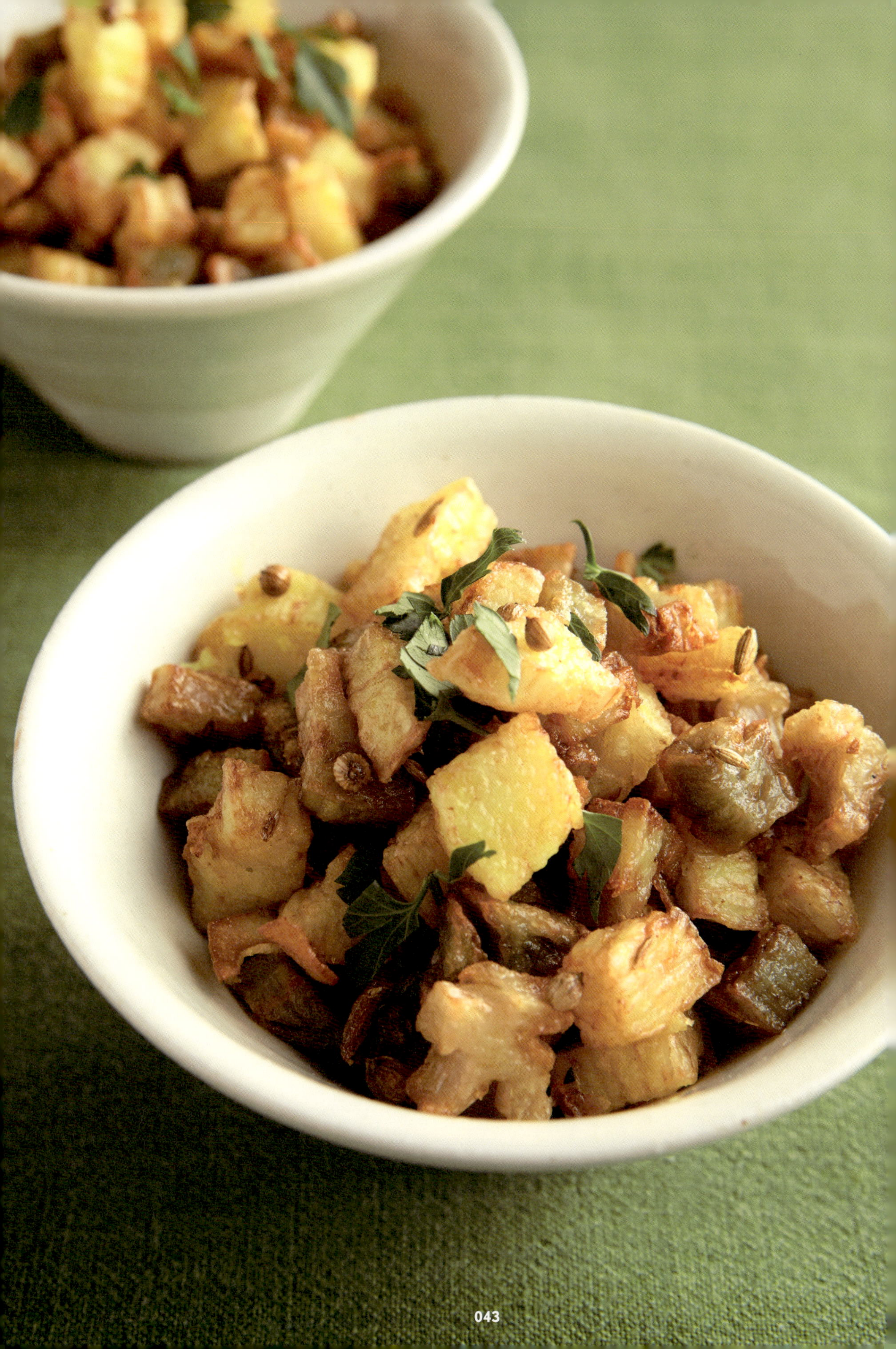

カリフラワーと
グリーンピースの蒸し煮

クミン　カイエンペッパー
ターメリック　ガラムマサラ

とてもポピュラーなサブジで、レシピ自体は簡単で時間もかからず手軽にできます。
僕もインド料理をはじめた頃からずっと作り続けていますが、
実はこれ、極めようとすると難しい。普通の美味しさには作れても、
すごく美味しいカリフラワーのサブジはなかなか作れません。
スタータースパイス、トマト、パウダースパイスのそれぞれのタイミングと量、
カリフラワーの火入れ、ガラムマサラの仕上げなど、
インド料理のテクニックがたっぷり詰まっている気がします。
これが美味しいインド料理店は、他の料理も美味しいですよ、きっと。

材料　　　　　　　　　　　　　　　4人分

カリフラワー	正味350g（約1/2株）
トマト	150g（約小1個）
グリーンピース（冷凍品またはゆでたもの）	20g
オリーブオイル	大さじ1
クミンシード	小さじ山盛り1/2
A　塩	小さじ1/2
カイエンペッパー	ひとつまみ
ターメリック	ひとつまみ
ガラムマサラ	小さじ1/2

作り方

1. カリフラワーは一口大の小房に分ける。トマトはざく切りにする。
2. 鍋にオリーブオイルとクミンシードを入れて強火にかけ、パチパチと弾けたら（約1分15秒）、中火にしてカリフラワーとトマト、グリーンピースを入れて【a・b】炒める（約1分半）。
3. Aを入れて【c】かき混ぜ、フタをして弱火にし、カリフラワーがやわらかくなるまで蒸し焼きにする（約4〜5分）。
4. ガラムマサラを加え【d】混ぜ、火を止めフタをして1分蒸らせば完成。冷めて味がなじんだ頃に食べても美味しい（保存は不向き）。

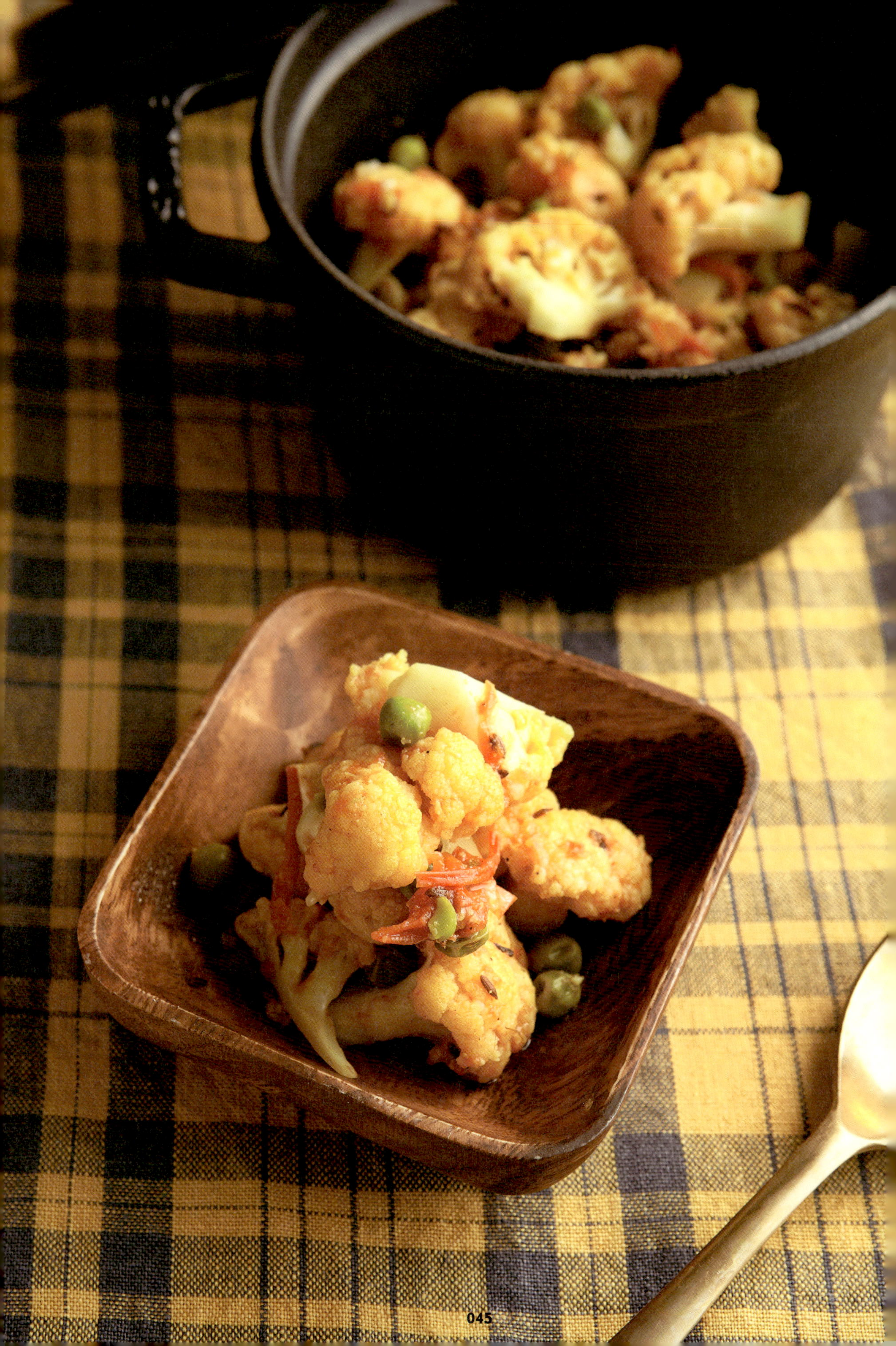

茄子とトマトのペースト

インド料理ビギナーの頃、衝撃を受けた料理の一つです。
茄子とトマトとスパイスでこんなに美味しくなるなんて……。
カレーライスのお供に最適だし、パンにつけてもいい。
ポイントは、スパイスに火を入れる時にしっかりと香りを立たせることと、
野菜の水分をしっかり飛ばして煮詰めること。
それらが中途半端になると、できそこないのミートソースみたいになってしまいます。

使用スパイス: クミン、ターメリック、ガラムマサラ、カイエンペッパー、コリアンダー

材料　4人分

茄子	5本（約350〜400g）
玉ねぎ	1個
トマト	1個
オリーブオイル	大さじ2
クミンシード	小さじ山盛り1
G&G	大さじ1/2
A　ターメリック	小さじ1
ガラムマサラ	小さじ1/2
カイエンペッパー	小さじ1/4
コリアンダーパウダー	小さじ1/4
塩	小さじ1
塩、こしょう	各適量

作り方

1. 茄子の皮に縦に数本切り込みを入れ、中がやわらかくなるまでグリルや網で直火焼きにする。皮は焦げても大丈夫。粗熱を取り、皮をむき、包丁でたたいて細かくする。
2. 玉ねぎはみじん切りに、トマトはざく切りにする。
3. フライパンにオリーブオイルとクミンシードを入れて中火にかけ、パチパチと弾けたら（約1分15秒）玉ねぎを加えて茶色になるまで炒める（約10分）。
4. G&Gを加えて【a】炒め（約30秒）、弱火にしてAを入れて【b】炒める（約30秒）。
5. トマトを加え【c】、強火にして潰しながら炒め（約1分半）、茄子を加えて【d】混ぜ合わせ、フタをし、時折かき混ぜながら弱火で約15分蒸し煮にする。塩、こしょうで味をととのえる。冷めても美味しく、3日間冷蔵保存可能。

チャパティ

[作り方] ボウルに全粒粉（150g）と塩（小さじ1/4）を入れて手で混ぜ、水（約80〜90cc）を少しずつ加えながら、こね混ぜ、耳たぶくらいのかたさの生地にまとめる。ラップをして約15分常温に置く。台と麺棒に打ち粉（薄力粉）をする。6等分にして丸め、直径15cmにのばす。フライパンを弱火で熱し、油は引かずに生地を置く。3カ所程ふくらんできたら生地を裏返す。部分的にふくらみ過ぎないようキッチンクロスでふくらみを軽く押さえ、全体がふっくらしてきたらフライパンからはずし、直火（五徳の上）に置く。強火にして一気にふくらませる。お好みでオリーブオイルやバター、ギーを塗る。作り立ての温かいうちが美味しいですが、インド人はお弁当に持っていったりします。

クリスピースパイスオイル

日本ではスパイス＝カレー＝カレー粉やカレールーの味、というイメージになりますが、そうではない、スパイス本来の香りを感じてほしくて、当店オリジナルの食べる香味油を開発しました。生野菜や温野菜の他、焼いた肉にかけたり、ライスと炒めてスパイスピラフにしてもいけます。

マスタード　クミン　フェンネル
カイエンペッパー　ターメリック

材料　4人分

A	マスタードオイル	100cc
	フライドオニオン（粗みじん切り）	50g ⇒ P.86
	フライドカシューナッツ（ざく切り）	40g ⇒ P.86
B	マスタードオイル	100cc
	マスタードシード	大さじ山盛り1＋山盛り1/2
C	クミンシード	大さじ山盛り2
	フェンネルシード	小さじ山盛り1（なくても可）
D	カイエンペッパー	小さじ1
	ターメリック	小さじ1
	塩	小さじ1
E	マスタードオイル	100cc
	にんにく（みじん切り）	20g

＊マスタードオイルは計300cc使用、手に入らない場合はゴマ油で代用可。

作り方

1. Aをボウルに入れる【a】。
2. 鍋にBを入れて強火にかける。シードが弾けてきたら（約2分）、Cと、あらかじめ混ぜ合わせておいたDを入れて【b・c】混ぜる。
3. マスタードシードが弾け終わったら、焦げる前に①のボウルに入れ【d】混ぜ合わせる。
4. 別鍋にEを入れて強火にかけ、泡立て器で混ぜながら加熱し【e】、にんにくが色づいたら（約1分半）ボウルに加えて【f】混ぜ合わせる。冷めたら清潔な瓶に詰める。

完成
3週間冷蔵保存可能。時間が経ってもクリスピー感が持続します。常備しておけば何かと便利。

温野菜のサラダ

[作り方] 季節の野菜各種をゆでる、焼くなどし、器に盛って、塩、こしょうを振り、クリスピースパイスオイルを回しかける。クリスピースパイスオイルにマヨネーズや醤油を混ぜても美味しい。

アジのオーブン焼き

コリアンダー　ターメリック　カイエンペッパー

インドの魚料理にはバナナの葉の包み焼きやタンドール焼き、
フィッシュヘッドカレーなどがあります。
この料理は、いつもの塩焼きがスパイス味に変身。
G&Gにベーシックなスパイス（コリアンダー、ターメリック、カイエンペッパー）などを
混ぜて魚に塗って焼くだけなので簡単です。

材料　　　　　　　　　　　　　　　　　　　　4人分

真アジ	4尾
A　オリーブオイル	大さじ2
レモン汁	大さじ1
G&G	大さじ1
しし唐（みじん切り）	2本
コリアンダーパウダー	小さじ2
ターメリック	小さじ1/2
カイエンペッパー	小さじ1/2
塩	小さじ1
砂糖	小さじ1/2
フェネグリークパウダー	小さじ1/2（なくても可）
マスタードパウダー	小さじ1/2（なくても可）
オリーブオイル	適量
イタリアンパセリ	適量
レモン	適量

＊魚はサンマやイワシを使ってもOK。

作り方

1　真アジはウロコ等を取って内臓を除き、胴体の両面に数本垂直に切り込みを入れ、軽く塩（材料外）を振る。
2　A【a】をボウルに入れてよく混ぜ合わせる。
3　真アジの両面に②を塗り【b】、ラップをして約30分冷蔵庫に置く。
4　フライパンにオリーブオイルを入れて中火にかけて熱し、真アジを入れる。両面に焼き色をつけた後【c】、210℃に熱したオーブンに入れて10分焼く。
5　器に盛り、粗切りのイタリアンパセリを散らし、カットしたレモンを添える。

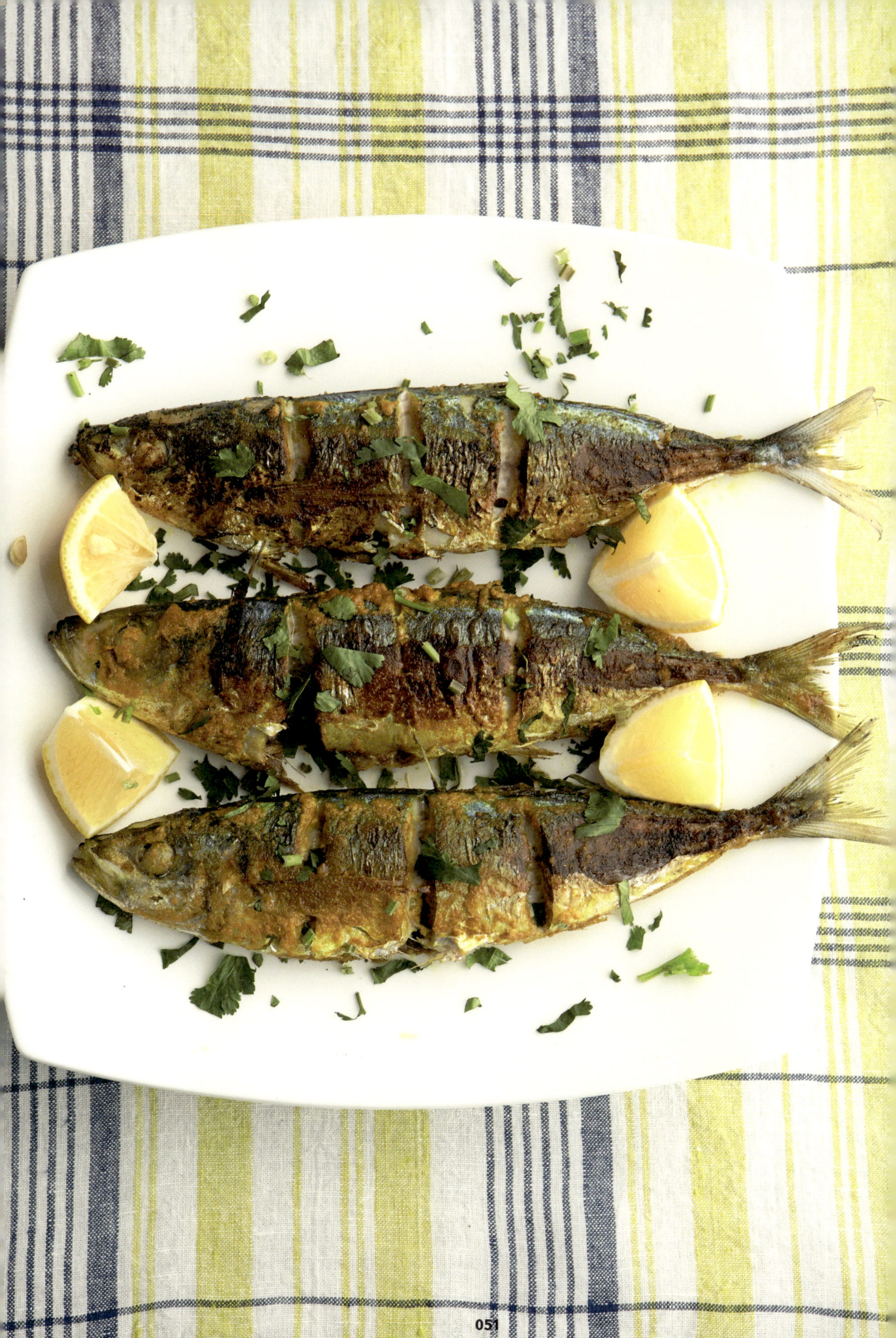

スペアリブ

日本のインド料理店には、たいていタンドール（窯）がありますが、
インドにはタンドールのないお店も多いですよ。
ナンやタンドリーチキンは北インドの料理なので、
南インドの人だとナンを食べたことがない人もいます。
当店にもタンドールはありません。
普通のオーブンを使った肉料理を何か、と考えたのがこのスペアリブ。
ホールスパイスを乾煎りして、
パウダーではなく粗挽きにして使うのが美味しさの秘訣です。

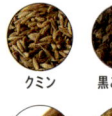

クミン　黒こしょう　フェンネル
シナモン　ガラムマサラ　ターメリック

材料　4～5本分

スペアリブ（骨つき豚バラ肉）	4～5本
A クミンシード	小さじ山盛り1
黒こしょうホール	小さじ山盛り1
フェンネルシード	小さじ山盛り1
シナモンスティック	2cm×2本
B プレーンヨーグルト	大さじ山盛り4
G&G	大さじ山盛り1
白ワインビネガー	大さじ1/2
ガラムマサラ	小さじ2
ターメリック	小さじ1/2
塩	小さじ1
こしょう	小さじ1
マスタードパウダー	小さじ1/2（なくても可）
サラダ油	適量

作り方

1. フライパンにAを入れ弱火にかけ、手でスパイスを触って温かく感じるまで乾煎りする【a】。冷めたらミルで粗挽きにする【b】。
2. ①とBをボウルに入れて混ぜ、ペースト状にする。
3. スペアリブをフォークで所々刺し、②に入れてからめる【c】。ラップを肉に直接貼って、常温（夏場は冷蔵庫）に約2時間置く。
4. 肉の表面についたペーストを指で軽くぬぐい取り、サラダ油を熱したフライパンで焼き目をつける【d】。
5. 210℃に熱したオーブンで15～30分焼く。器に盛り、イタリアンパセリ（材料外）を添える。

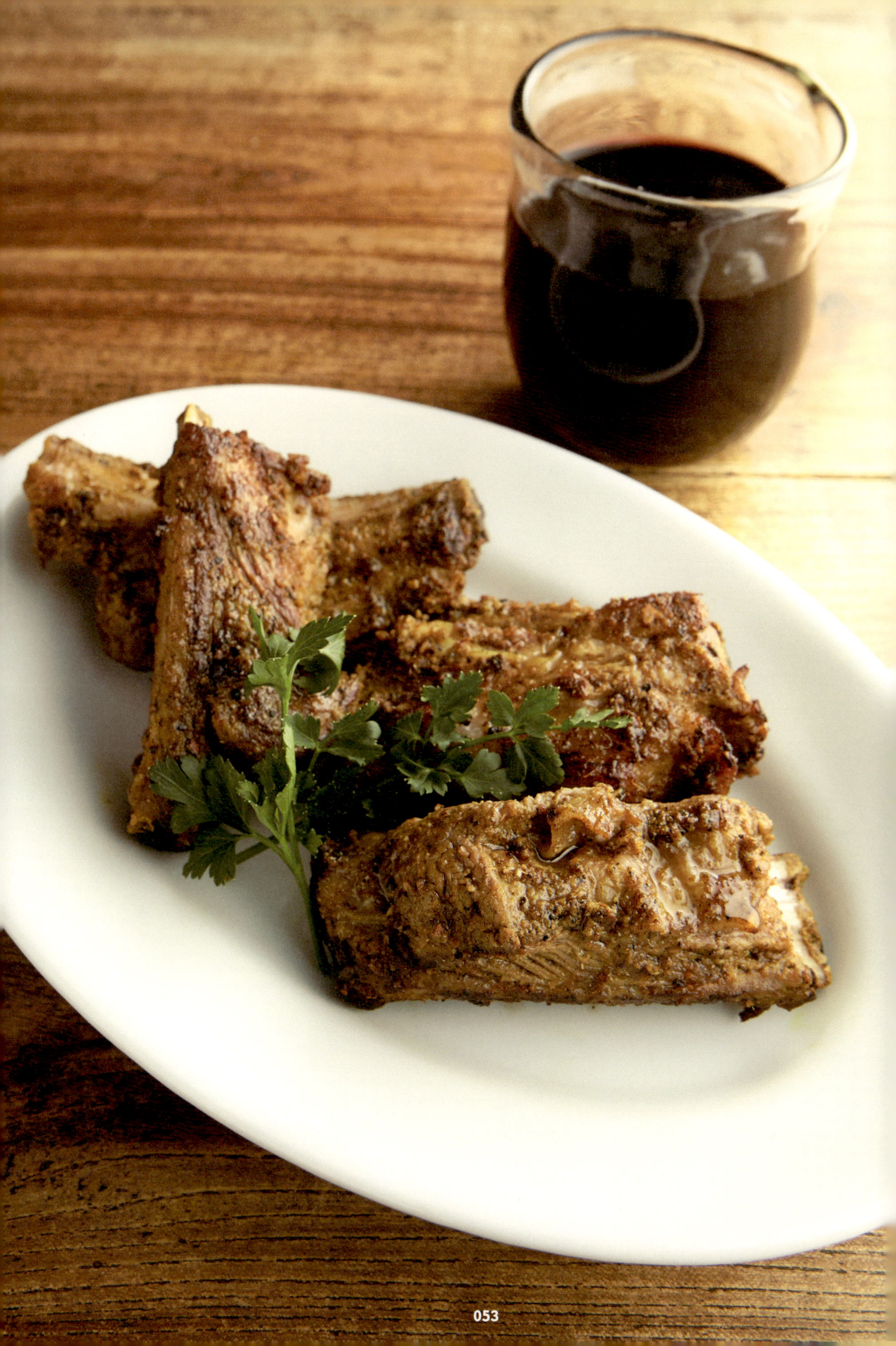

ゴアコロッケ

南インドのゴア州は、ポルトガルの影響を受けていて
キリスト教徒が多く住んでいます。
他の地域とは違い、宗教上の食の制約が少ないんですね。
豚も牛も食べるし、お酒も飲む。
街中のカフェでインド人の女性がビールを飲んでいる姿を初めて見ました。
このレシピはゴアの料理研究家に習ったものです。
軽食として、あるいは潰してカレーとご飯と混ぜても美味しいですよ。

使用スパイス: 黒こしょう、クローブ、シナモン、クミン、ターメリック、カイエンペッパー、ガラムマサラ

材料　12個分

材料	分量
合挽き肉	250g
玉ねぎ	1/4個
しし唐	1本
A　黒こしょうホール	小さじ山盛り1/2
クローブ	15個
シナモンスティック	1cm×1本
クミンシード	小さじ山盛り1/2
B　ターメリック	小さじ1/2
カイエンペッパー	小さじ1/2
ガラムマサラ	小さじ1/4
塩	小さじ1/2
砂糖	小さじ1/2
C　G&G	小さじ1
白ワインビネガー	大さじ1
香菜	3本
全卵	1/2個
パン粉	30g
セモリナ粉	30g
サラダ油（揚げ油用）	適量

作り方

1. 玉ねぎはざく切り、しし唐は小口切りにする。Aをミルにかけ、BとCを混ぜ合わせペースト状にする【a・b】。
2. 鍋に合挽き肉と①を入れて【c】かき混ぜ、強火にかけてフタをする。しばらくして水分が出てきたらフタを取り、水分を飛ばすように炒め、肉に火を通す【d】。火を止めて粗熱を取る。
3. 香菜をざく切りにし、②とともにフードプロセッサーにかける。
4. ③をバットに入れ、冷ます。12等分にして【e】ミニハンバーグ状に成形する。やわらかくてまとまりにくい場合は、1割程度の薄力粉（材料外）を混ぜる。
5. 溶き卵、パン粉とセモリナ粉を混ぜた衣の順につけ【f】、190℃に熱した油でこんがり揚げる。そのままでも美味しいが、トマトピクルス（P.82）をつけても。

*Aのミックススパイスは、できれば2倍以上の量でまとめて作るほうが作業性がよいです。
　3週間冷蔵保存可能。またはコロッケを倍量で作り、衣づけした状態で冷凍保存しても。
*白ワインビネガーは、南インドでは甘い香りのココナッツビネガーを使います。手に入ればお試しを。
*パン粉はキメの細かいものを使用。大きいものはフードプロセッサーまたは包丁で細かくしてください。
　セモリナ粉が入手できない場合はパン粉の量を60gに。

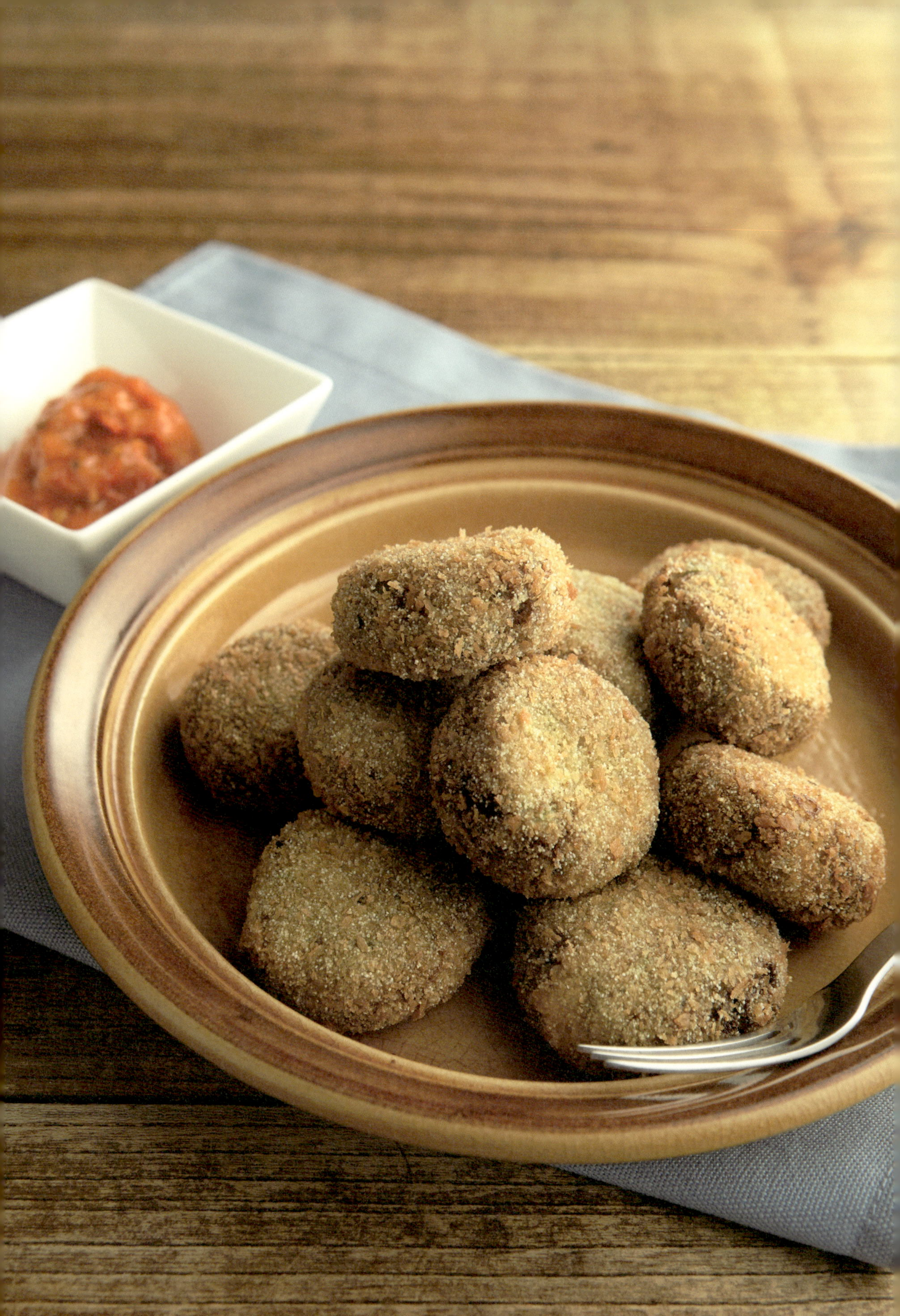

牛肉の炒め煮

インドでは主に使用する油が地域により異なり、
大別すると南はココナッツオイル、
東はマスタードオイル、西ではゴマ油となります。
この料理は南のケララでクリスチャンのシェフに教えてもらいました。
スタータースパイスの香りを立たせる。
玉ねぎの水分を飛ばす。G&Gの香りを立たせる。
パウダースパイスの香りを立たせる。トマトの水分を飛ばす。
各工程においてしっかりと火を入れることが大事です。

材料　4人分

牛モモ肉	250g
玉ねぎ	1個
しし唐	2本
トマト	1個
ココナッツオイル	大さじ2
A　マスタードシード	小さじ山盛り1
シナモンスティック	3cm×1本
クローブ	2個
スターアニス	1個
カレーリーフ	10枚（なくても可）
G&G	大さじ2
B　コリアンダーパウダー	小さじ2
カイエンペッパー	小さじ1/2
ターメリック	小さじ1/2
塩	小さじ1

＊ココナッツオイルは風味のよさに加えヘルシーなオイルとして近年注目されています。インターネットや自然食品店等で購入できますが、なければオリーブオイルで代用可。

作り方

1. 牛モモ肉は幅1.5cm×厚さ5mmの短冊状に切る。玉ねぎはみじん切り、しし唐は小口切り、トマトはざく切りにする。
2. フライパンにココナッツオイルとAを入れて強火にかけ【a】、マスタードシードが弾けたら（約2分）、玉ねぎ、しし唐、カレーリーフを入れて玉ねぎが茶色になるまで炒める（約5分）。
3. 中火にしてG&Gを加えて【b】炒め（約1分）、弱火にしてBを入れて【c】炒める（約30秒）。
4. 強火にしてトマトを加えて潰しながら炒め、ペースト状になったら（約3分）牛肉を加える【d】。
5. 肉の表面が白くなるまで炒めたら、水50ccを加え【e】、肉がやわらかくなって水分が飛ぶまで炒め、でき上がり。

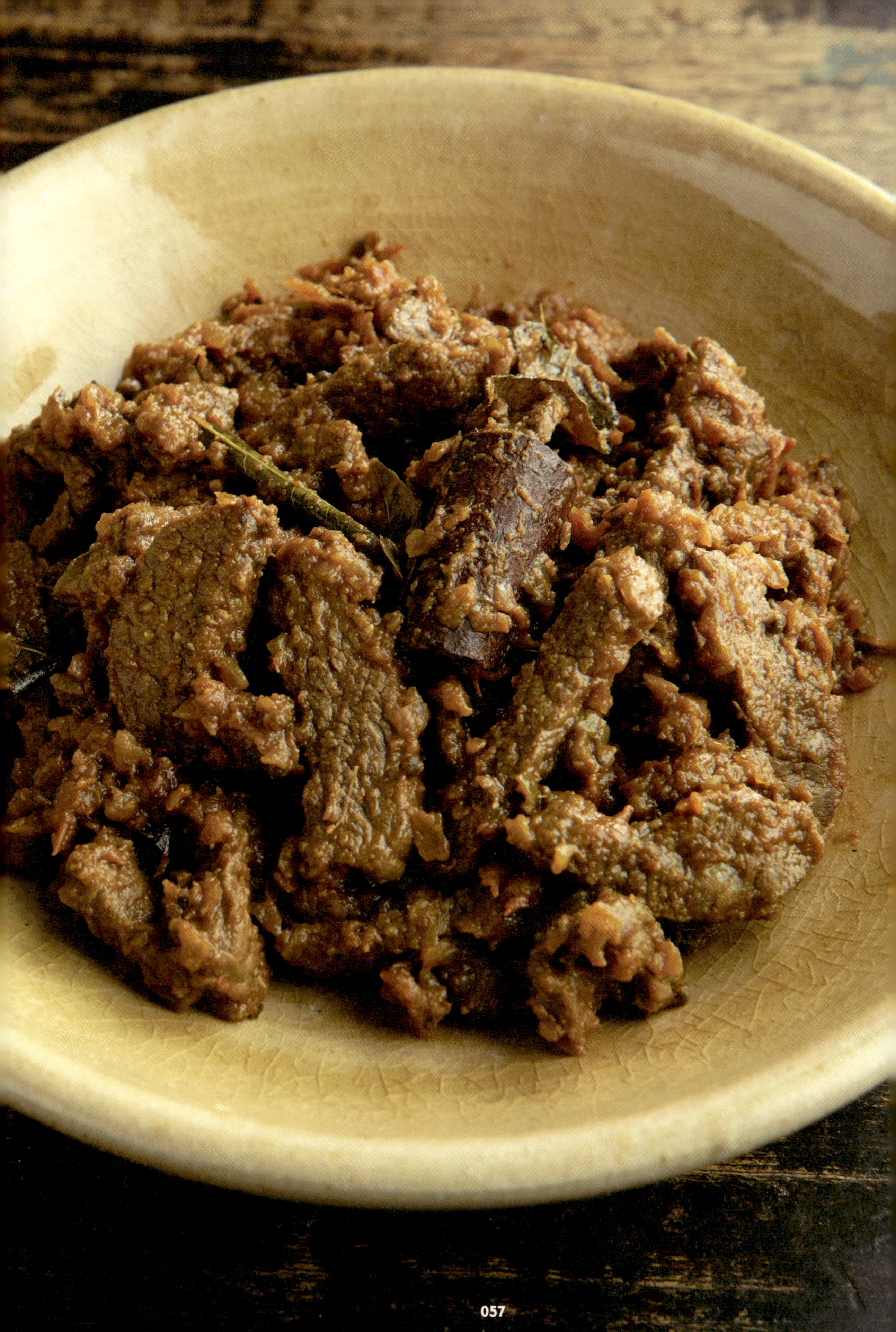

CHAPTER
3

SPECIAL SPICY CURRY

フレッシュな美味しさ、とっておきカレー

実はスパイスを使ったカレーの調理は驚くほど簡単です。長時間煮込み、何日間もねかせて味をなじませるといった洋風カレーと違い、基本的には一つの鍋に素材を順番に加えていくことによって比較的短時間ででき上がります。スパイスは風味が大事なので、ねかせるよりでき立てを食べたほうが美味しい。メインになる具材もインドのカレーは1種とか2種など少ない。数種類のカレーにサブジなどのおかずを添えて一緒に食べるためです。つまり、スパイスさえ揃えておけば、食べたいと思った時に、わずかな材料で美味しいカレーが作れるのです。冷凍保存もできますが、風味が落ちるので、できるだけ作り立てか、冷蔵保存のうちに食べましょう。作る量とスパイスの適量は必ずしも比例するわけではないので、配合を1/2に減らしたりしないように。

全9タイプのカレー主素材一覧

チキンカレー

ベーシックなスパイスカレー。まずはこのカレーで、ホールスパイスとパウダースパイスの使い方テクニックをマスターしましょう。

ラッサム

具材はムングダールという豆だけです。スパイスとトマト、タマリンドによる"辛酸っぱい"スープ。仕上げのバターでコクを出します。

ドライカレー

玉ねぎの数と挽き肉の量にびっくり？これでもギリギリ少ない配合に調整しました。ドライカレーはたっぷり作らないと美味しくならないのです。

海老カレー

焼いた海老の殻で取っただしとトマトジュースを加えたカレー。プリプリの海老と旨味の濃いソース、海老好きにはたまりません。

ココナッツカレー

甘口をお好みの方に、レンズ豆が溶け込んだ、まろやかでエキゾチックな香りのココナッツソースはいかが。スリランカのカレーです。

チキンキーマ

材料は、鶏挽き肉と玉ねぎ、グリーンピース、そしてスパイスだけ。煮込まないので短時間で作れます。あっさりして、なおかつスパイシー。

ポークビンダル

豚の角煮のように塊肉をトロッと煮込みます。ビネガーの酸味が加わった、辛くて酸っぱいカレー。仕上げの隠し味に蜂蜜をたらり。

サンバル

レンズ豆と玉ねぎ、トマトをベースに、加える野菜は茄子、大根など、お好みでアレンジ可能。ほんのり酸味とやさしい味わいで、食べ飽きません。

金目鯛カレー

魚は煮込まず、パリッと香ばしく焼きます。ソースにはヨーグルトと粒マスタードを加え、和とフレンチが融合したようなオリジナルレシピ。

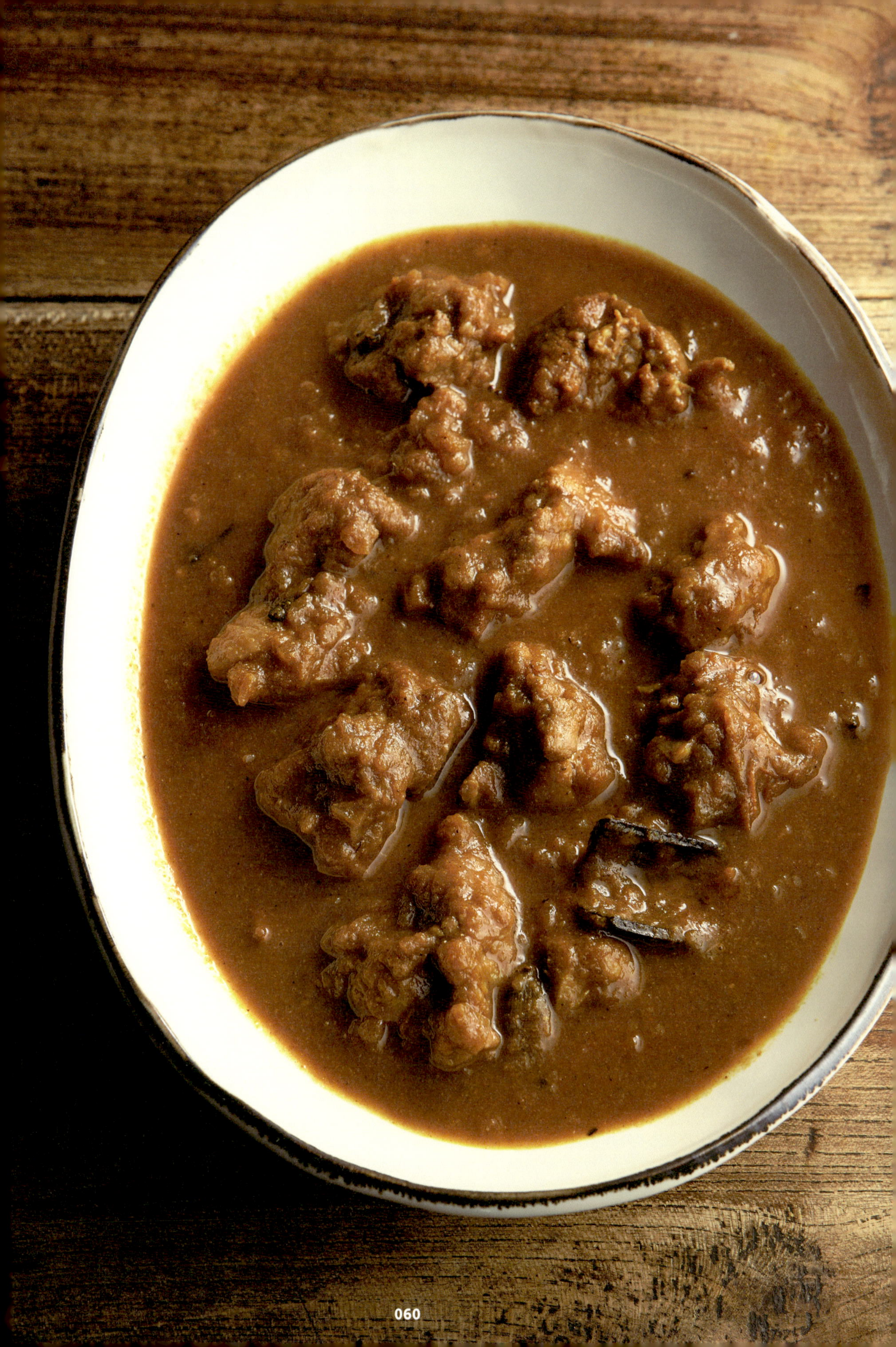

チキンカレー

バターチキン、チキンコルマ、サグチキン、チキンティッカマサラ、
チキンシャクティ、チキンビンダル、チキンキーマなど
インドには数え切れない程のチキンカレーがあります。
ここではシンプルでベーシックなチキンカレーを作ります。
このレシピを基本にして、G&Gを玉ねぎの前に入れて香りを強調したり、
ココナッツミルクや生クリームを加えたり、
仕上げの段階で香菜を入れたり、とアレンジは自由。
そのためにはまず基本をマスターしましょう。
大事なのは、頭の中で作りたいカレーをイメージすることです。
ポイントは火入れ。スパイスカレーは炒めて煮る料理です。
スパイスや材料を順に鍋に入れる各工程でちゃんと火を入れること。
長時間焼いたり煮るという意味ではなくて、
香りを充分に抽出する、水分をしっかり飛ばすといった
それぞれの火入れの意味を理解し、目指すべき状態を頭に描いて
タイミングを逃さないよう、火加減や時間を調整しましょう。

材料　4人分（直径21cm×深さ12cmの鍋使用）

	鶏モモ肉（から揚げ用）	400g
	玉ねぎ	250g（約1個）
	トマト	250g（約1～2個）
	サラダ油	大さじ3
A	シナモンスティック	2cm×2本
A	クローブ	8個
A	カルダモン	4個
	G&G	大さじ2
B	コリアンダーパウダー	大さじ2
B	ターメリック	小さじ1
B	カイエンペッパー	小さじ1/2
B	塩	小さじ1
	湯	600cc
	ガラムマサラ	小さじ1/2

＊鶏肉は骨つきを使ってもOK。

作り方

1. 鶏モモ肉はから揚げ用を用意（または同様のサイズに切る）。玉ねぎは粗みじん切り、トマトはざく切りにする。

2. 深鍋にサラダ油とAのホールスパイスを入れて強火にかける。

スパイスの香りを油に移す
スパイスは水や湯よりも油と相性がよいという特性を生かし、スパイスの香り成分を最大限に引き出す方法。油にスパイスが浸かるように鍋を傾けて火に当てるとよい。ホールスパイスは火が入りにくく、かつ香りの維持力があるので、調理のはじめに使う（スタータースパイスと言う）。シナモン、クローブ、カルダモンは"ホールガラムマサラ"と言われるくらい相性がよい組み合わせで、特に肉のカレーで使う。

3. 油が温まり、ホールスパイスがふくらんで香りが立ったら（約2分）、玉ねぎを入れる。木ベラで手早くかき混ぜ、油で玉ねぎをコーティングするようにからめたら、あまりかき混ぜないようにして焼き、軽く色づける（約5分）。

カレーの旨味ベースを作る
スパイスを決して焦がしてはいけないが、焦げる一歩手前まで火入れし、香りを充分に抽出させる。そこに玉ねぎを加えることで鍋の中の温度が一時的に下がり、焦げが防止される。火加減は強火のまま、鍋の中の温度は基本的に高温を保つこと。スパイスに熱を加え続けることによって香りを引き出す。

4. 焦げに注意しながらよく混ぜ、水分を飛ばすように炒め、濃い茶色になるまで火入れする（約3分）。G&Gを入れて香りが立ったら（約1分）、トマトを加え、潰しながら水分を飛ばす。トマトの輪郭がなくなり、ペースト状になるまで炒める（約5分）。

食材の水分を飛ばし、味を凝縮
この工程で大事なのは食材の持つ水分を飛ばすこと。それぞれの味を凝縮させることを意識しながら火を入れる。常に鍋底についた旨味をはがすようにして混ぜる。

5 弱火にしてBのパウダースパイスを入れ、よくかき混ぜてなじませ、香りを立たせる（約1分）。

スパイスの辛味、色、香りをつける
ペーストの中にパウダーを入れてよく練り、加熱することによってスパイスの香りを立たせ、粉っぽさを取る、大事な工程。この状態を「マサラ」と言う。パウダースパイスのカイエンペッパーは辛味、ターメリックは色、コリアンダーは香りをつける役割を担っている。

6 強火にして湯を注ぎ、煮立たせる。湯の温度は何℃でもOK。鍋の内側についている旨味をこそげ落として混ぜる。鶏肉を加え、再度、煮立ったら中火にしてフタをし、表面がフツフツしている状態を保ちながら15〜20分程煮る。途中、時々かき混ぜる。

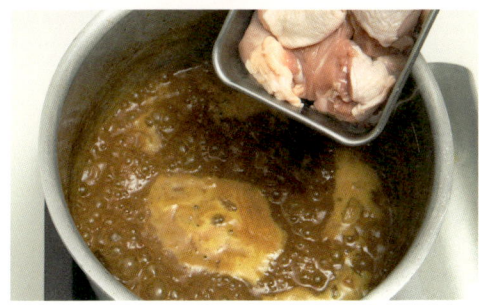

マサラと水分をなじませて具を煮込む
鍋の中の温度を下げないよう、湯を使うが、用意がなく水を加える場合には3回に分けて入れ、そのつど煮立たせること。煮る間、水分が飛びすぎていると感じたら湯を足し、多過ぎるようならフタを取って煮詰めるようにする。煮れば煮るほど肉はやわらかくなり、素材の旨味がソースに抽出されるが、肉自体の旨味は減っていく。どんなカレーにしたいのか、その加減を自分の中でデザインすることが大事。

7 汁気がとろりとしたら煮込み完了。ガラムマサラを足してかき混ぜ、ひと煮立ちしたら火を止め、フタをして5分ほど蒸らす。味を見て、必要ならば塩（材料外）と水で調整する。

仕上げの香りを加える
仕上げの香りは、ガラムマサラに替えて、カルダモンパウダー、ミント、香菜を加えてもよい。

ラッサム

辛味と酸味が際立つインドの薬膳スープ。
正確には、ラッサムはカレーではなくスープの一種です。
カレーとライスだけで完結させる日本の食スタイルに合わせ
濃厚な味わいのレシピにアレンジしています。
インドではライスだけでなく他のおかずや
サンバル (P.76) などと混ぜ合わせて食べるので、
より本場スタイルでという場合には
水を増やしてみてください。

材料　6人分

ムングダール		50g
タマリンド		30g
トマト		450g (約2〜3個)
A	サラダ油	大さじ3
	黒こしょうホール	小さじ山盛り1
クミンシード		小さじ山盛り1
サラダ油		大さじ3
B	ムングダール	小さじ山盛り1/2
	フェネグリークシード	小さじ山盛り1/4 (なくても可)
マスタードシード		小さじ山盛り2
C	赤唐辛子	2本
	カレーリーフ	10枚 (なくても可)
D	ターメリック	小さじ1
	カイエンペッパー	小さじ1/2
	塩	小さじ1
E	食塩不使用トマトジュース	150cc
	湯	500cc
食塩不使用バター		30g
にんにく (みじん切り)		大さじ山盛り1
香菜		適量

*ムングダール⇨P.40
*タマリンドはマメ科の植物の果実で、黒っぽいペーストの塊。酸味とかすかな甘味があります。

作り方

1. ムングダールをさっと洗い、ザルに上げ、水500ccとともに鍋に入れ、強火にかける。沸騰してアクが浮いてきたら取り、弱火にして、豆の形が崩れてトロッとやわらかくなるまで煮る【a】(煮ている途中、水が足りなくなったら足す)。煮汁ごとミキサーに入れておく。

2. タマリンドはぬるま湯150ccに15分程浸ける。手で数回もんでザルで漉し、漉した水をボウルに入れる。ザルに残ったタマリンドを水100ccと合わせて再び数回もんで漉し、同じボウルに入れる。タマリンドの残りかすは捨てる。

3. トマトはざく切りにする。

4. 鍋にAを入れて強火にかける。フツフツと泡立ってきたら、クミンシードを入れる。黒こしょうホールが弾けたら、①のミキサーに加えて回しペースト状にする (黒こしょうとクミンは火が入る時間に差があるため、黒こしょうを先に加熱し、なおかつ完全に弾ける前にクミンを入れるのがベストタイミング)。

5. 深鍋にサラダ油とBを入れて強火にかける。鍋を傾け、油をためて火に当て、フツフツと泡が出てきたら (約30秒)、マスタードシードを入れる。シードが弾けて飛び出すようならフタをして防ぐ。弾ける音がわずかになったらCを入れる。赤唐辛子が色づき油に香りが移ったら (約5秒)、トマトを加える【b】。

6. トマトを潰しながら炒め、輪郭のない状態になったら (約5〜6分)、弱火にしてDを入れ【c】、よく混ぜながら炒めて香りを立たせ、粉っぽさを取る (約1分)。

7. ④を⑥の鍋に加える【d】。強火にしてEと②のタマリンド水を鍋に加え【e】、沸騰したら中火にして3分程煮る。

8. バターをフライパンに入れて強火にかけ、溶け出したらにんにくを入れる。均一に火が入るように泡立て器で混ぜ続け、バターが泡立ってにんにくが焦げる手前で鍋に加え【f】、混ぜたら火を止める (バターと乳化しやすいよう、鍋は沸騰した状態にしておく)。

9. 塩 (材料外) で味をととのえて器に盛り、ちぎった香菜を振る。

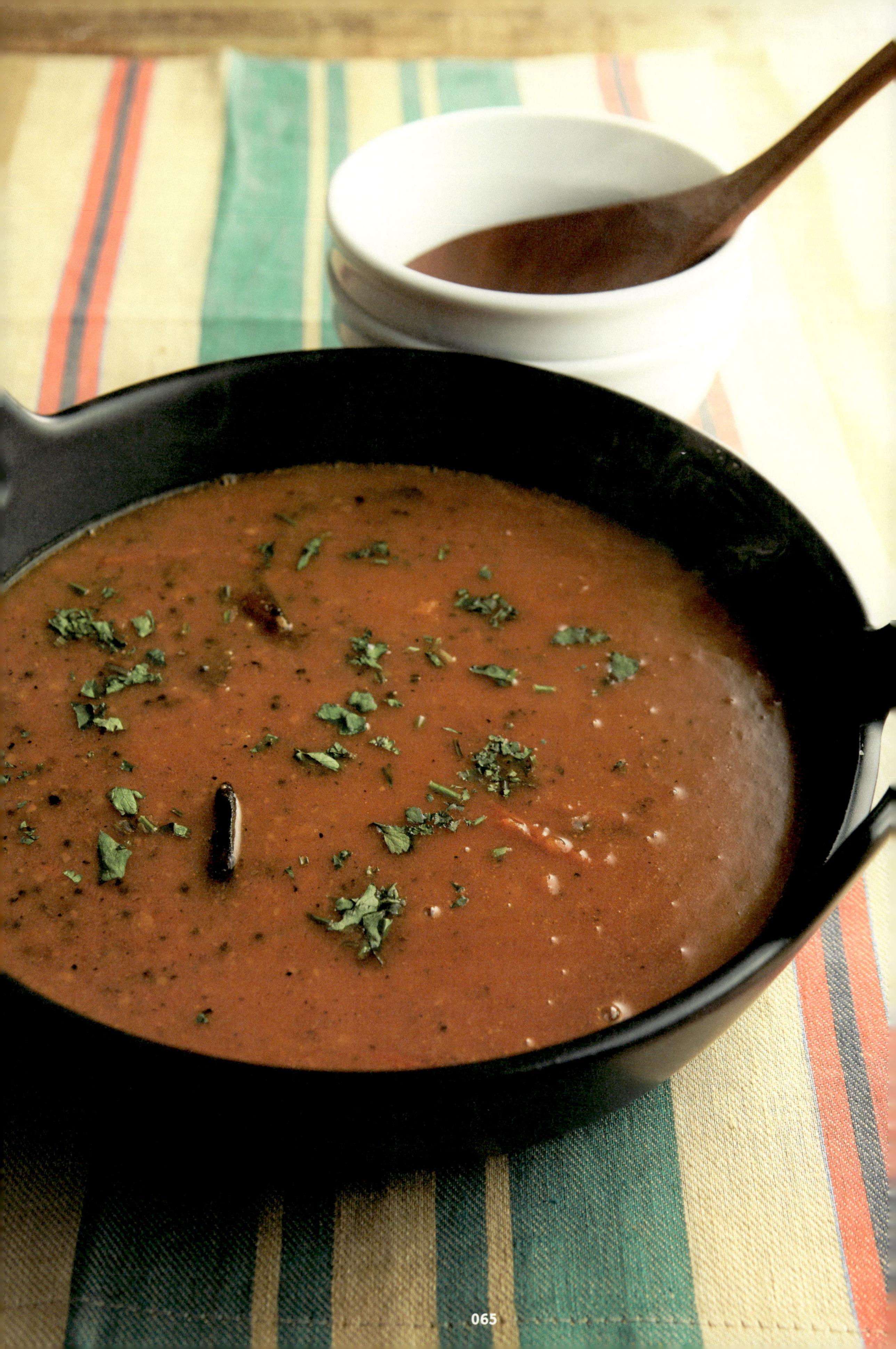

ドライカレー

香味野菜を炒めて味を凝縮、スパイス感とコクのある味わい。
日本のお米、日本人の味覚に合う味わいを追求した、インドにはないカレーです。
冷めても美味しいのでお弁当にもどうぞ。
材料の量が多く、調理時間がかかるのですが、
美味しく作るための最少量レシピです。
気合いを入れて、いざトライ! がんばった甲斐がある味を保証します。

クローブ　シナモン　黒こしょう
赤唐辛子　ベイリーフ　コリアンダー
ターメリック　カイエンペッパー　ガラムマサラ
カルダモン

材料　8人分

合挽き肉	1kg
玉ねぎ	1.4kg (約6～7個)
ニンジン	350g (約2～3本)
セロリ	100g (約1/2～1本)
ベーコン	50g
サラダ油	300cc
A　クローブホール	大さじ山盛り2
シナモンスティック	3本
黒こしょうホール	大さじ山盛り1
B　赤唐辛子	5本
ベイリーフ	7枚
G&G	50g
食塩不使用トマトジュース	300cc
C　コリアンダーパウダー	大さじ2＋小さじ1
ターメリック	大さじ1＋小さじ1
カイエンペッパー	小さじ2
塩	大さじ1
D　ガラムマサラ	大さじ1＋小さじ1
カルダモンパウダー	大さじ1＋小さじ1

＊セロリは細い茎部分を使用してもOK（葉は使いません）。

作り方

1. 玉ねぎをフードプロセッサーでみじん切りにする。ニンジン、セロリ、ベーコンも同様に刻む。
2. 大きなフライパンまたは中華鍋にサラダ油とAを入れて中火にかける。黒こしょうホールがパチパチと数回弾けたら（約2分）、Bを入れ、色づいたら（約5秒）玉ねぎを加え【a】、強火にして水分を飛ばすように炒める。はじめは水分が多く焦げにくいので、多少放っておいても大丈夫。その後、時々混ぜながら写真【b】くらいの状態まで炒めたら、大きい深鍋に移す。
3. ニンジン、セロリ、ベーコンを加えて【c】中火で炒め（約5分）、G&Gを入れる【d】。鍋の大きさや火加減により時間は変わるが、目安は中火で20分、弱火で20分、焦げつかせないよう、木ベラで鍋底をこするようにして混ぜ続ける。八丁味噌くらいの黒い色になったら【e】、余分に出た油をキッチンペーパーでふき取る。なお、直径27cmの半寸胴鍋があれば、最初から玉ねぎと他の食材を鍋で一緒に炒めてOK。
4. トマトジュースを加え中火にしてなじませ（約1分）、Cを加えて【f】よく混ぜながら炒めて香りを立たせ、粉っぽさを取る（約1分）。
5. 合挽き肉を入れ【g】、強火にして炒める。ダマや焼きムラにならないよう切るように手早く炒め、肉の色が変わり、脂が出てきたら、弱火にしてじっくり炒める（約30分）。
6. Dを加え【h】、強火にしてパウダーを肉になじませ、スパイスの香りが立ったら（約30秒）、火を止めて塩（材料外）で味をととのえる。1週間冷蔵保存可能（再加熱の際には水を適宜加える）。

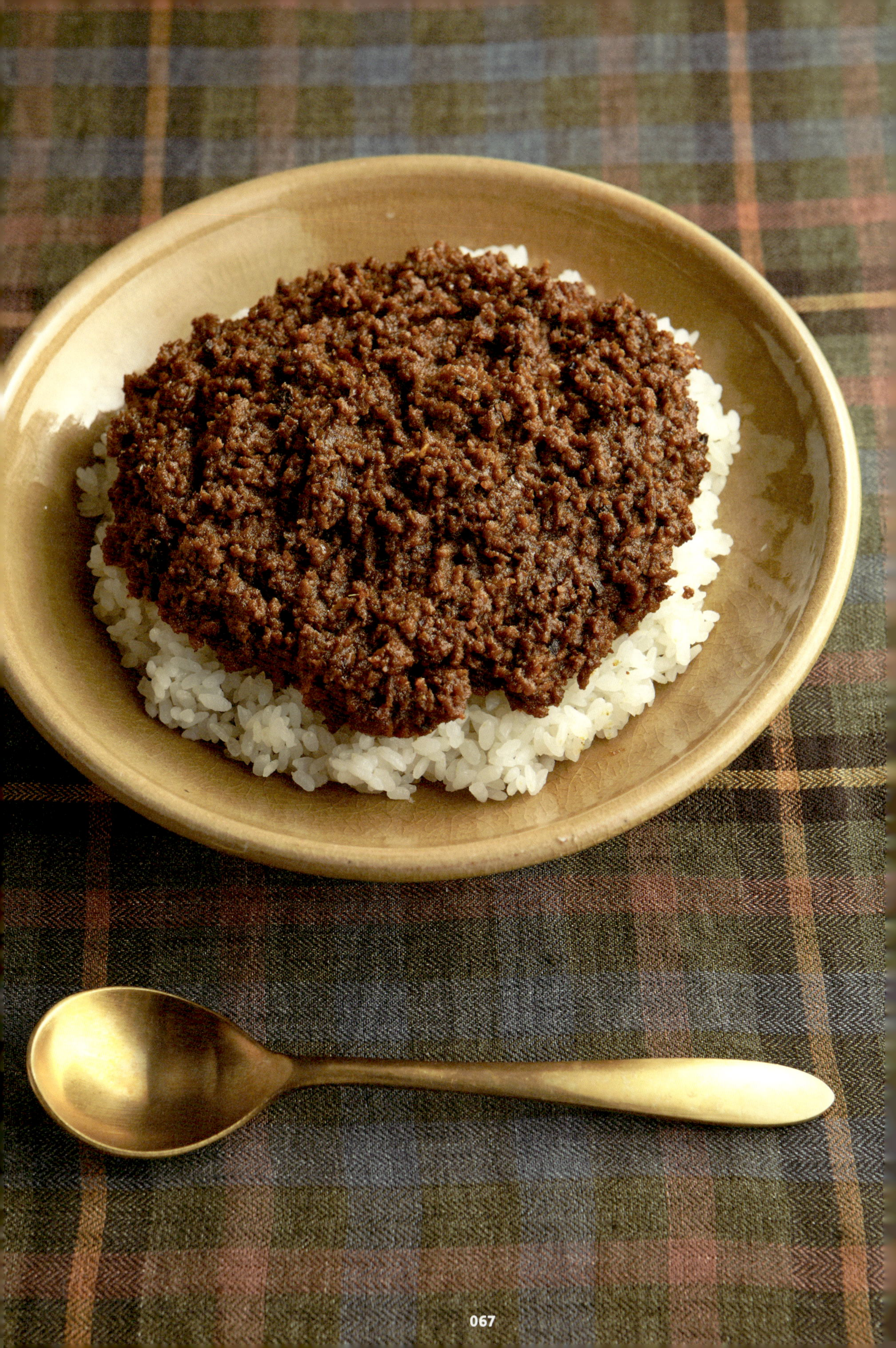

海老カレー

この海老カレーはスリランカの南の町の食堂で食べた味を再現してみました。
旨味たっぷり、日本人が大好きな味です。
日本の玉ねぎは水分が多いため、2回に分けて、最初は半揚げの感覚で
焦げる手前まで火入れし、次に残りの玉ねぎを入れることで焦げを防止。
これで、玉ねぎの香ばしい風味と甘味を両立させることができ、水っぽさが解消されます。

シナモン　コリアンダー　ガラムマサラ
ターメリック　カイエンペッパー

材料　4人分

無頭殻つきブラックタイガー(中サイズ)	20尾
玉ねぎ	300g (約1 + 1/2個)
トマト	150g (約小1個)
サラダ油	80cc
A　シナモンスティック	5cm×1本
フェネグリークシード	小さじ大盛り1/2 (なくても可)
カレーリーフ	8枚 (なくても可)
G&G	大さじ1
B　コリアンダーパウダー	小さじ2
ガラムマサラ	小さじ1
ターメリック	小さじ1
カイエンペッパー	小さじ1/4
塩	小さじ1
食塩不使用トマトジュース	250cc
湯	約300cc

＊本来はカレーリーフとともにパンダンリーフ(5cm)を入れるのがスリランカのスタイルです。
＊Bのコリアンダーパウダーとガラムマサラは、本来、スリランカカレーパウダー(小さじ3)を使うところを代用したものです。

作り方

1. 海老の殻をむき、身と殻それぞれを水洗いし、水気を切る。玉ねぎは粗みじん切り、トマトはざく切りにする。
2. フライパンを中火にかけ、海老の殻を入れて焦がさないよう常に混ぜながら煎り、殻の色が赤になり、さらに白っぽくなったら水300ccを入れる【a】。強火にし、沸騰したら中火にして、フツフツとした状態で5分程煮たらザルで漉す(仕上がり量200cc目安)。
3. 深鍋にサラダ油とAを入れて強火にかける。フェネグリークシードが色づいたら(入れない場合はシナモンスティックがふっくらしたら)(約1分)玉ねぎの1/3量を入れ、あまりかき混ぜないで半揚げのような状態を保ち(焦げそうな時は混ぜる)、焦げる手前まで加熱する(約3分)。
4. 中火にして残りの玉ねぎ【b】とカレーリーフを加え、薄茶色になるまで炒め(約5分)【c】、G&Gを入れて炒める(約1分)。
5. 強火にしてトマトを入れて潰しながら炒め、輪郭のない状態になったら(約2分)、弱火にしてBを入れ【d】、よく混ぜながら炒めて香りを立たせ、粉っぽさを取る(約1分)。
6. 強火にしてトマトジュース【e】、②の海老のだし汁に湯を足して500ccにしたものを加え混ぜ、沸騰してから2分程煮詰めたら海老の身を入れ【f】、2分程煮てでき上がり。

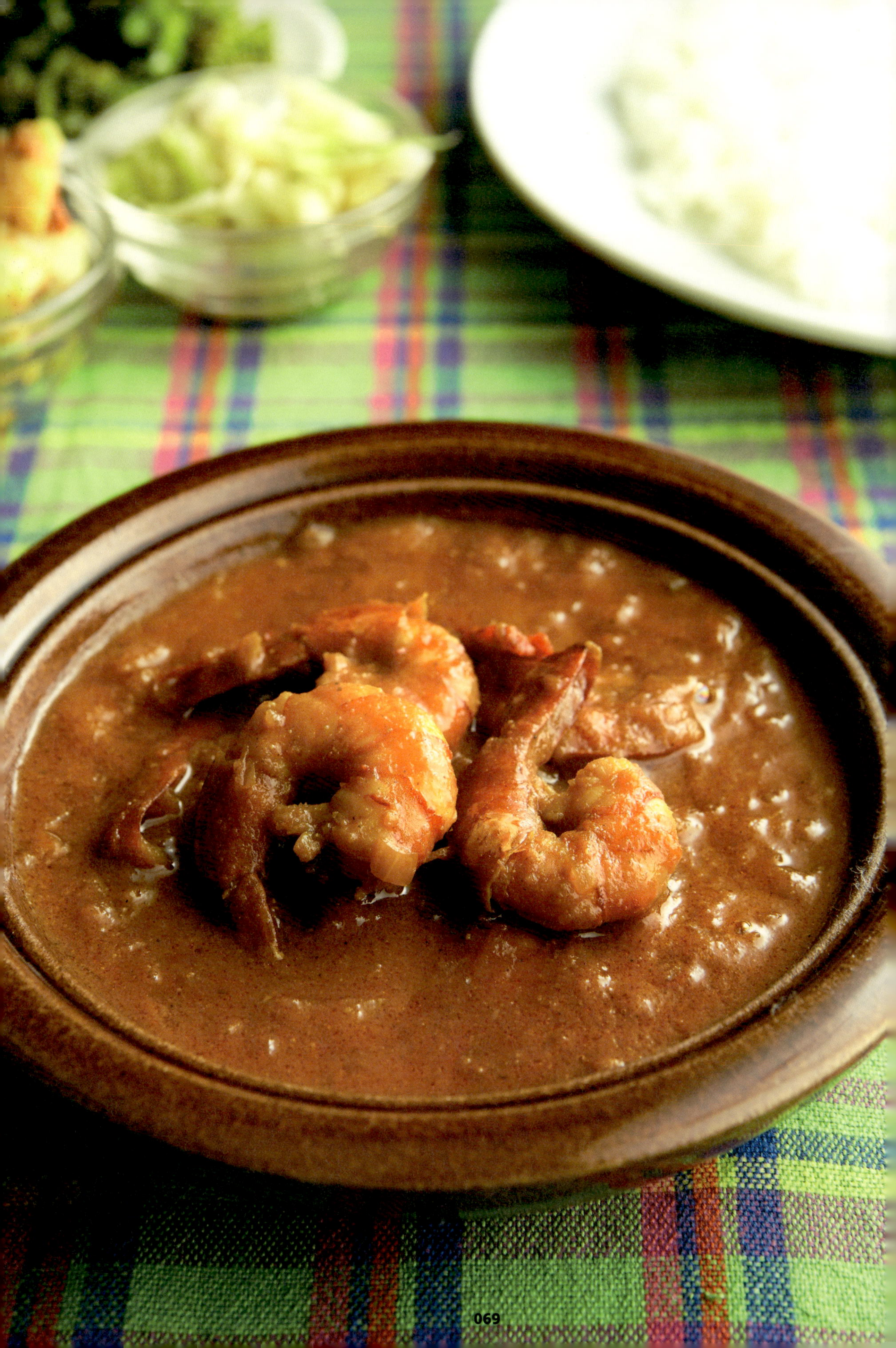

ココナッツカレー

くたくたに煮たレンズ豆とココナッツがベースのスリランカカレー。
甘口というより、甘いカレーです。トッピングのトマトの酸味とゆでたホウレン草がよく合います。
スリランカでは、鍋にすべての材料を入れてココナッツミルクを加えて煮るだけという
シンプルな調理法が多いです。具材はカボチャ、ジャガイモ、インゲン、
それから生カシューナッツ、キュウリ、緑マンゴー、パイナップル、ビーツなどもあります。

コリアンダー　ガラムマサラ　ターメリック

材料　4人分

レンズ豆	60g
玉ねぎ	250g（約1個）
トマト	200g（約1個）
サラダ油	50cc
フェネグリークシード	小さじ山盛り1/2（なくても可）
カレーリーフ	8枚（なくても可）
G&G	大さじ1/2
A コリアンダーパウダー	小さじ2
ガラムマサラ	小さじ1/4
ターメリック	小さじ1/2
塩	小さじ1
B ココナッツミルク	400cc（1缶）
湯	100cc
三温糖	小さじ2

〔トッピング〕

トマト	適量
ホウレン草	適量

＊レンズ豆はオレンジ色の皮なし（マスールダール）を使用。水でもどす
　必要がなく、短時間で煮えるやわらかい豆です。
＊本来はカレーリーフとともにパンダンリーフ（5cm）を入れるのがスリランカ
　のスタイルです。
＊Aのコリアンダーパウダーとガラムマサラは、本来、スリランカカレー
　パウダー（小さじ3）を使うところを代用したものです。
＊ココナッツミルクはココナッツパウダーにしてもOK。約5倍（製品により
　異なる）の湯と合わせ、ミキサーまたは泡立て器でよく混ぜ溶かして使用。

作り方

1 レンズ豆をさっと洗い、ザルに上げ、水500ccとともに鍋に入れ、強火にかける。沸騰してアクが浮いてきたら取り、弱火にして、豆の形が崩れてトロッとやわらかくなるまで煮る（煮ている途中、水が足りなくなったら足す）。

2 玉ねぎは粗みじん切り、トマトはざく切りにする。

3 深鍋にサラダ油とフェネグリークシードを入れて強火にかける。色づいたら（約1分）、玉ねぎの半量を入れる【a】（フェネグリークシードを入れない場合は、熱したサラダ油に玉ねぎの半量を入れる）。あまりかき混ぜないで半揚げのような状態を保ち（焦げそうな時は混ぜる）、焦げる手前まで加熱する（P.68と同じ手法）。

4 残りの玉ねぎとカレーリーフを加え、玉ねぎが茶色になるまで炒め（約4〜5分）、G&Gを入れて中火にして炒める（約1分）。

5 強火にしてトマトを入れて【b】潰しながら炒め、輪郭のない状態になったら（約2分）、弱火にしてAを入れ【c】、よく混ぜながら炒めて香りを立たせ、粉っぽさを取る（約1分）。

6 Bを加え【d】強火にして、沸騰したらアクを取り【e】、中火にしてとろみが出るまで3分程煮詰める。

7 弱火にしてレンズ豆を煮汁ごと入れて【f】1分半程煮る。

8 器に盛り、角切りにしたトマトとゆでたホウレン草をトッピングする。

071

チキンキーマ

さっぱりした味わいの中にスパイスの香りをたっぷり感じることができるカレーです。
スタータースパイスを焦げる直前まで火入れするのが香りを引き出すポイント。
インドでは牛豚肉をあまり使わないので、挽き肉カレーは鶏肉が多いです。
肉が淡白な分、仕上げに挽き立ての黒しょうでパンチを。
夏バテ気味の時に、酸味のあるおかずやピクルスと食べると、食欲が回復するはず。

使用スパイス: クローブ / シナモン / 赤唐辛子 / ベイリーフ / コリアンダー / ターメリック / カイエンペッパー / 黒こしょう

材料　4人分

鶏挽き肉	800g
玉ねぎ	300g（約1+1/2個）
グリーンピース（冷凍品またはゆでたもの）	50g
サラダ油	80cc
フェネグリークシード	ひとつまみ（なくても可）
A クローブ	10個
シナモンスティック	5cm×1本
赤唐辛子	3本
ベイリーフ	2枚
カレーリーフ	10枚（なくても可）
G&G	大さじ1
B コリアンダーパウダー	大さじ1+小さじ1
ターメリック	小さじ2
カイエンペッパー	小さじ1
塩	小さじ2
黒こしょう（挽き立て）	適量
香菜	適量

作り方

1. 玉ねぎは粗みじん切りにする。
2. 深鍋にサラダ油とフェネグリークシードを入れて強火にかける。色づいたら（約1分）、Aを入れる【a】（フェネグリークシードを入れない場合は最初からAを入れる）。香りが立ったら（約20秒）、玉ねぎを入れて薄茶色になるまで炒める（約4分）。
3. G&Gを加えて【b】炒め（約1分）、弱火にしてBを入れて【c】よく混ぜながら炒めて香りを立たせ、粉っぽさを取る（約1分）。
4. 鶏挽き肉を入れ【d】、強火にしてダマにならないよう特に最初はよくかき混ぜながら炒め、ほぐれたら中火にして火を通す（約5～6分）。
5. グリーンピースを入れ【e】、温まるまで炒める。
6. 白飯（材料外）を器に盛り、⑤をかけ、挽き立ての黒こしょうと粗切りの香菜を振る。

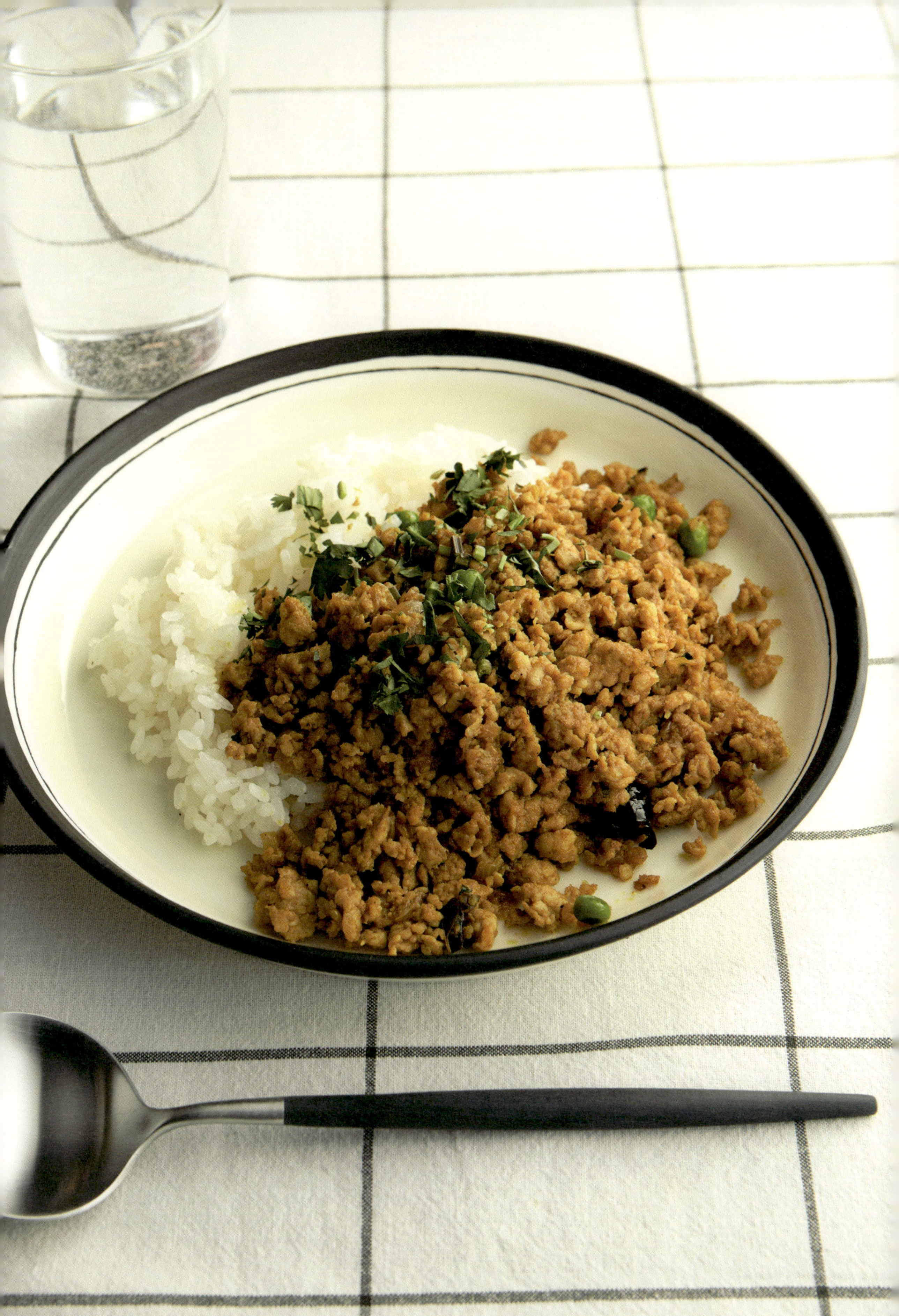

ポークビンダル

ポルトガルの植民地だった歴史から、
南インドのゴアは"インドではないインド"と言われるくらい別世界です。
ビーチは開放的で、昼からビールを飲んでいるインド人もちらほら。
観光客も多く、最近はロシアからの客がとても多いようです。
そんなゴアの名物料理、インドでは珍しい豚肉の辛酸っぱいカレー。
大きな塊肉をトロトロになるまで煮込みましょう。

クローブ　クミン　黒こしょう
ガラムマサラ　コリアンダー　カイエンペッパー
ターメリック

材料　4人分

豚バラ肉（ブロック）		800g
A	玉ねぎ	200g（約1個）
	白ワインビネガー	60cc
	クローブ	小さじ山盛り1（約30個）
	クミンシード	小さじ山盛り1
	黒こしょうホール	小さじ山盛り1/2
	塩	小さじ1
玉ねぎ		300g（約1+1/2個）
トマト		120g（約小1個）
サラダ油		50cc
G&G		大さじ1
B	ガラムマサラ	大さじ2
	コリアンダーパウダー	大さじ1+小さじ2
	カイエンペッパー	小さじ2
	ターメリックパウダー	小さじ1
	三温糖	大さじ1
蜂蜜		適量（大さじ1目安）
塩		適量

作り方

1 豚バラ肉は100g×8個に切り分ける。Aをミキサーにかけてペースト状にし、肉にもみ込み、一晩（6時間以上）冷蔵庫に置く【a】。2日間冷蔵保存可能。フードプロセッサーを使用する場合には、あらかじめホールスパイスをミルで挽いておく。

2 ①の肉の表面についたペーストを指で軽くぬぐい取り、サラダ油（適量・材料外）を熱したフライパンで表面を焼く。中心は生でOK。残っているペーストは取っておく。

3 玉ねぎは繊維に沿って薄くスライスし、トマトはざく切りにする。

4 深鍋にサラダ油を入れて強火で熱し、玉ねぎを入れ、しんなりして軽く色づくまで炒め（約5分）、G&Gを加えて【b】炒める（約1分）。

5 トマトを入れて【c】潰しながら炒め、輪郭のない状態になったら（約2分）、Bを加え【d】弱火にして炒める（約1分）。

6 ②の肉を入れ【e】ペーストを加えて、かぶる程度の水（1.2ℓ目安）を入れ【f】、強火にする。沸騰したら中火にしてフタをし、時折かき混ぜながら1時間〜1時間半程煮る。途中、水分が減って肉が浸かっていない状態であれば、300ccまでの水を足す。

7 肉をそっと取り出し【g】、器に盛る。ソースに蜂蜜を加えて【h】、塩で味をととのえ、肉にかける。

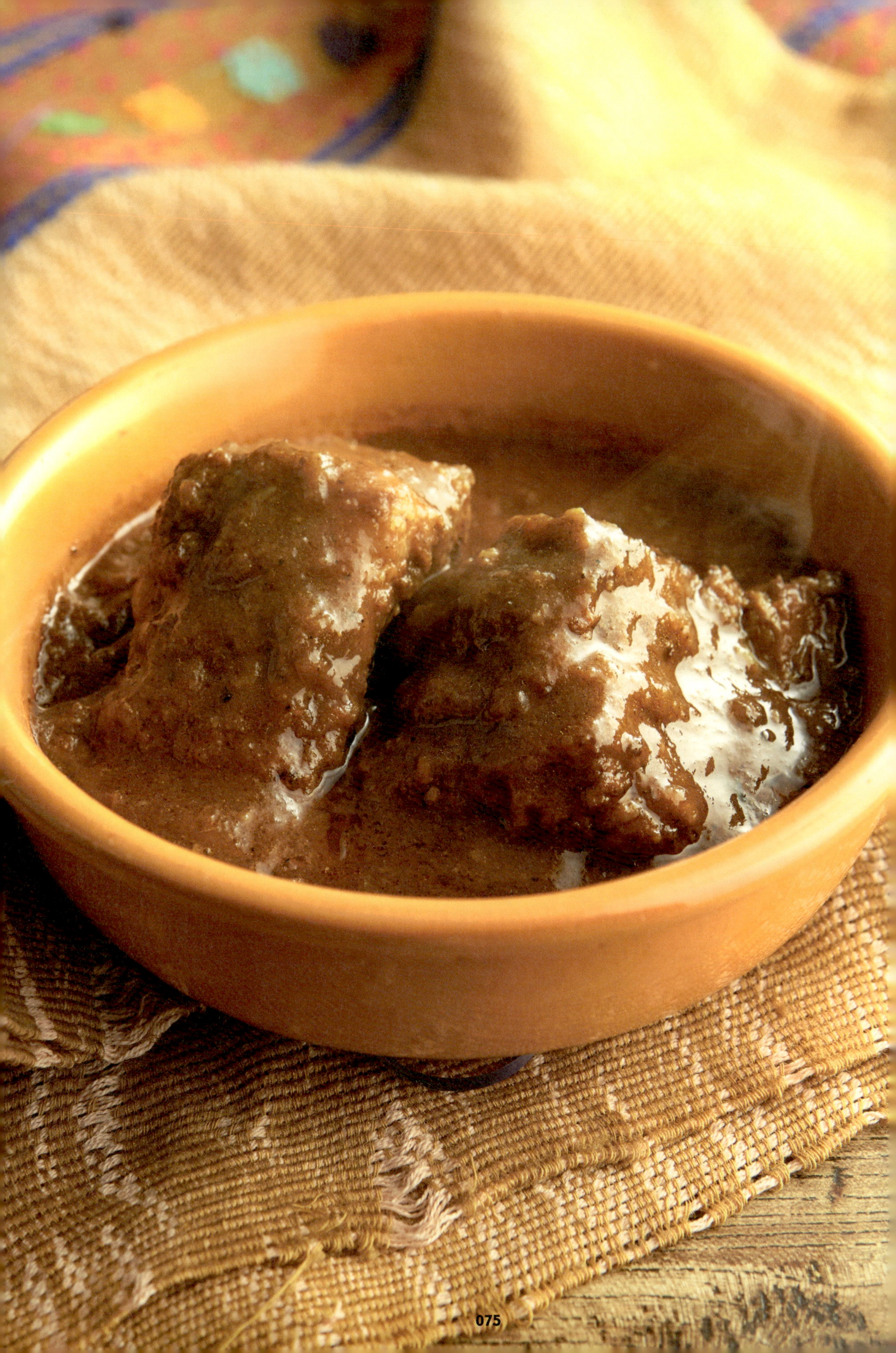

サンバル

南インドを代表する豆と野菜のカレーです。
タマリンドの酸味と豆の風味と野菜がバランスよく、
ラッサム（P.64）や他のおかずと組み合わせて食べるのもおすすめ。
強烈な旨味や濃厚さとは対極の、やさしくてどこか懐かしい味わい。
毎日食べたい、僕の大好きなカレーです。
サンバルを食べると南インドに行きたくなります。

マスタード　クミン　赤唐辛子
コリアンダー　ターメリック　カイエンペッパー

材料　5〜6人分

レンズ豆		120g
タマリンド		15g
玉ねぎ		125g（約1/2個）
トマト		300g（約1+1/2個）
茄子		3〜4本
大根		1/5本（約130g）
サラダ油		50cc
A	マスタードシード	小さじ大盛り2
	クミンシード	小さじ大盛り1
B	赤唐辛子	2本
	カレーリーフ	10枚（なくても可）
C	コリアンダーパウダー	大さじ1
	ターメリック	小さじ1
	カイエンペッパー	小さじ1/2
	塩	小さじ2
	三温糖	小さじ1/2
湯		700cc
香菜（ざく切り）		大さじ山盛り1

＊レンズ豆⇒P.70　タマリンド⇒P.64
＊具材の野菜はオクラ、インゲン、ニンジン、菜の花、蕪などにしてもOK。甘くて溶けやすいカボチャは不向き。
＊玉ねぎを鍋に入れた後にヒング（ひとつまみ）を加えるとより本格的。

作り方

1 レンズ豆はP.70と同様の方法で、水を700ccにして煮る。
2 タマリンドはP.64と同様の方法で、ぬるま湯100cc、水50ccを用いて準備する。
3 玉ねぎは粗みじん切り、トマトはざく切り、茄子は1cm厚のいちょう切り、大根は5mm厚のいちょう切りにする。
4 深鍋にサラダ油とAを入れて強火にかける。シードが弾け出したら、Bを入れる（通常はシードが弾け終わったタイミングだが、赤唐辛子の焼いた香りを強調するため早めに入れる）。赤唐辛子が色づいたら（約5秒）玉ねぎを入れる。
5 玉ねぎが薄茶色になるまで炒めたら（約3分）、弱火にしてCを入れ【a】、よく混ぜながら炒めて香りを立たせ、粉っぽさを取る（約1分）。
6 トマトの2/3量を入れて【b】、強火にする。潰しながら輪郭がなくなるまで炒める（約2分）。
7 茄子と大根を加え【c】、あえるように炒める（約1分）。
8 湯を注ぎ、野菜がやわらかくなるまで煮たら、②のタマリンド水と①のレンズ豆を煮汁ごと加え【d・e】、3分程煮詰める。残りのトマトと香菜を足して、ひと煮立ちさせてでき上がり。

a　b　c
d　e

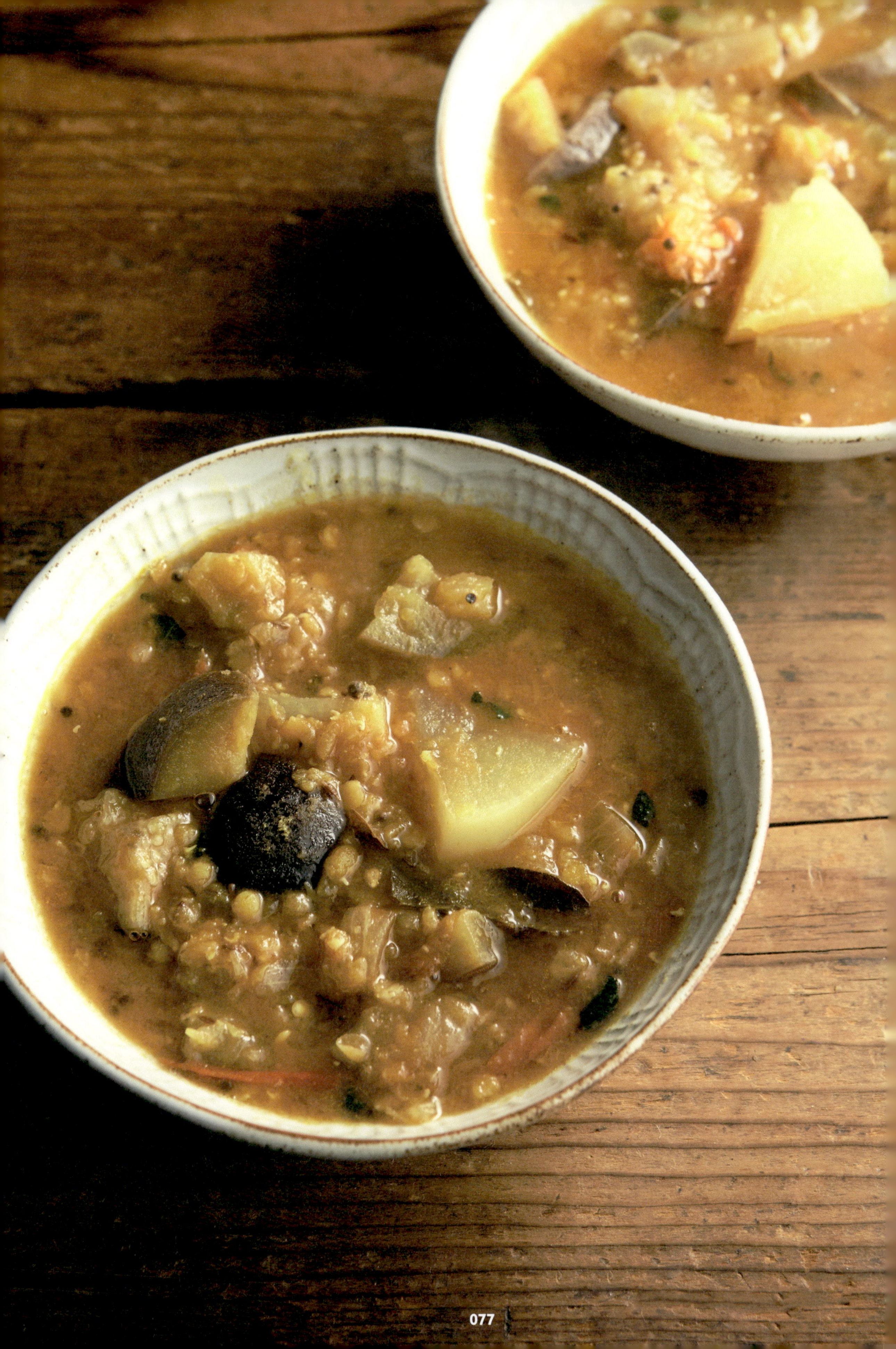

金目鯛カレー

マスタード　クミン　ターメリック

通常、インドの魚カレーは魚の旨味をルーに取り入れるため
煮込んでしまいますが、僕は日本人らしい感覚として、
魚本来の繊細な味を生かしたカレーを作りたいと思い、考えたレシピです。
皮目をパリッと、身はしっとりと焼き上げ、
スパイスの香りが豊かでサラサラとしたソースを合わせました。

材料　4人分

金目鯛（切り身）	4枚
玉ねぎ	250g（約1個）
サラダ油	大さじ4
A　マスタードシード	小さじ山盛り2
カロンジ	小さじ山盛り1（なくても可）
G&G	大さじ1
B　ローストクミンパウダー	小さじ2
ターメリックパウダー	小さじ1
塩	小さじ2
プレーンヨーグルト	大さじ山盛り2
湯	600cc
C　粒マスタード	小さじ2
三温糖	小さじ1
トマト（ざく切り）	150g（約小1個）
しし唐（小口切り）	8本
香菜（ざく切り）	大さじ山盛り2
塩、こしょう	各適量
強力粉	適量
オリーブオイル	適量

＊魚はスズキや真鯛などでもOKですが、金目鯛が一番美味。
＊ローストクミンパウダーは、クミンシードをフライパンで乾煎りし（触って温かいと感じる程度）、ミルで挽いたもの。

作り方

1　金目鯛を冷蔵庫から常温に出す。玉ねぎは繊維に沿って2mm幅にスライスし、長さを3等分にする。

2　深鍋にサラダ油とAを入れて強火にかける。鍋を傾け、油をためて火に当て、マスタードシードが弾け飛び出すようならフタをする。弾ける音がわずかになってきたら、玉ねぎを入れて薄茶色になるまで炒める（約4分）。

3　中火にしてG&Gを入れて炒め（約1分）、弱火にしてBを入れ【a】、よく混ぜながら炒めて香りを立たせ、粉っぽさを取る（約1分）。

4　中火にしてヨーグルトを加え【b】混ぜ、ペースト状にする（約30秒）。

5　湯を加え、強火にして沸騰させ、1〜2分煮る。

6　Cを加えて【c・d】2分程煮てカレーソースは完成。

7　金目鯛に塩、こしょうをし、強力粉を軽くまぶす。フライパンにオリーブオイルを入れて熱し、金目鯛を皮目から焼く。皮目がパリッと焼けるように最初は中火で、途中からは焦がさないよう弱火にする。ひっくり返したら身側は少しだけ焼き【e】、キッチンペーパーの上にのせて、余分な油を取る。

8　温めたカレーソースを皿に流し、金目鯛をのせる。

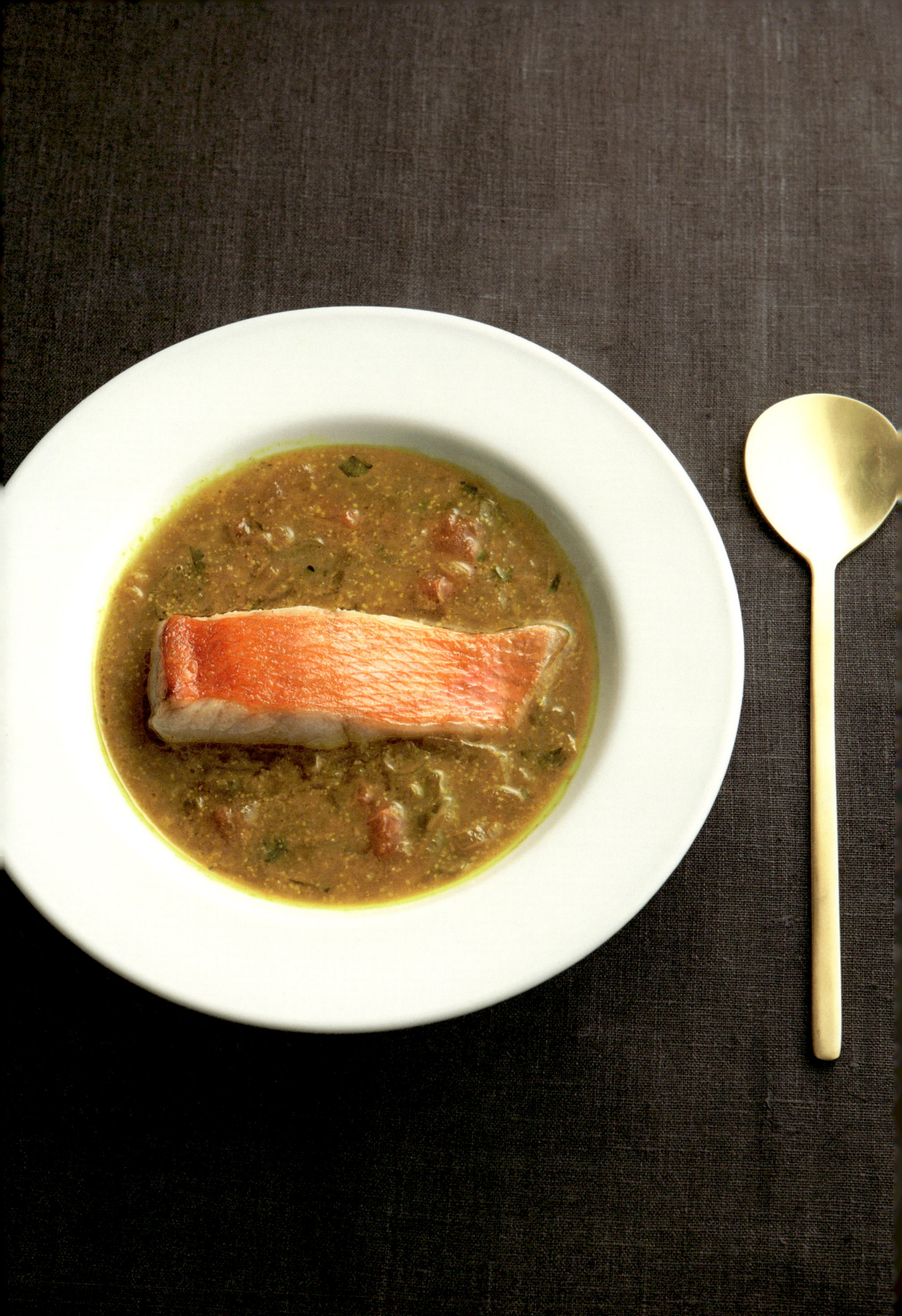

CHAPTER
4

INDIAN PICKLES

常備したいインディアンピクルス

インドの西海岸にあるゴアの市場で、手作りピクルスを50年間、販売しているおばあちゃんと出会いました。いわゆる酢漬けの西洋ピクルスではなく、スパイスオイルに漬けたもので、インドではピックルと単数形で表現します。本場インドでも工業製品化され、今や手作りのピクルスはなかなか目にしません。僕は必死に頼み、おばあちゃんの家に行って作り方を教わることができました。そこには大きな樽が並び、青マンゴー、青唐辛子、ショウガ、ライム、ニンジン、茄子、そしてイワシのピクルスまでありました。すべて常温に置いてあるのに、半年は大丈夫だと言います。僕も作ってみたら、すごく楽しい！ 次は何か日本独自の食材で作ろうかな〜とアイデアが広がっていきます。

トマトピクルス　　　　　　　　チキンピクルス

茄子ピクルス　　　　　　　　フィッシュピクルス

INDIAN PICKLES

トマトピクルス

生のトマトを煮詰めてペースト状に。
「ちょっと辛くてしょっぱい」と思うくらいに
味をつけてください。カレーのアクセントや、
揚げ物や焼き物のディップ（P.54）にも使えます。

マスタード　カイエンペッパー

材料　　　　　　　　　　　　　　作りやすい量

| トマト | 800〜850g（約4個） |

A
- オリーブオイル ……… 50cc
- マスタードシード ……… 大さじ山盛り1

B
- カイエンペッパー ……… 小さじ1/2
- 塩 ……… 小さじ1/2
- こしょう ……… 小さじ1/2

作り方

1. トマトは1cmくらいのざく切りにする。
2. フライパンにAを入れて強火にかける。パチパチと弾け出したら火を止めてフタをして、弾ける音がわずかになってきたらフタを取り、トマトを入れる（調理に慣れたら火を止めずに行ってOK）。
3. 強火にしてトマトの水分を飛ばすようにして炒め、ペースト状になったら（約6分）、Bを加えてさらに煮詰める（約4分）。塩（材料外）で味をととのえる。冷めてから食べる。約1週間冷蔵保存可能。

茄子ピクルス

茄子の原産地はインドです。
茄子はいろいろな料理に使われますが、
こんな表現もできるんですね。
ニンジンやキノコ、ビーツで作ってもおもしろいですよ。

マスタード　フェネグリーク　カイエンペッパー　ターメリック

材料　　　　　　　　　　　　　　作りやすい量

| 茄子 | 300〜350g（約4本） |

A
- サラダ油 ……… 150cc
- マスタードシード ……… 大さじ山盛り1
- フェネグリークシード ……… ひとつまみ

G&G ……… 80g
白ワインビネガー ……… 大さじ2

B
- カイエンペッパー ……… 小さじ1 + 1/2
- ターメリック ……… 小さじ1/2
- フェネグリークパウダー ……… ひとつまみ（なくても可）
- 塩 ……… 小さじ1

作り方

1. 茄子は1cm角に切る。
2. 鍋にAを入れて強火にかけ、シードを弾けさせる。
3. 中火にしてG&Gを入れて炒め、香りが立って色づいたら（約2分）、白ワインビネガーを入れて酸味を飛ばす（約10秒）。
4. 弱火にしてBを加え、香りが立ったら（約1分）、中火にして茄子を入れて混ぜ合わせる。時折混ぜながら、火が通りやわらかくなるまで加熱する（約5分）。白ワインビネガーと塩（ともに材料外）で味をととのえる。食べるのは翌日以降に。約1週間冷蔵保存可能。

チキンピクルス

これはインドでも珍しいチキンのピクルス。
当店のオリジナル瓶詰商品として販売しており、好評です。
辛さと塩加減は控えめ、黒酢を使った日本人好みの味。
冷やしたチキンピクルスを温かいご飯にのせて食べると旨い!

ガラムマサラ　カイエンペッパー　ターメリック

材料　作りやすい量

鶏モモ肉（皮なし）	500g
A　カイエンペッパー	小さじ1/2
ターメリック	小さじ1/2
塩	小さじ1 + 1/2
三温糖	小さじ1/2
玉ねぎ	150g
ゴマ油	大さじ2
G&G	50g
ガラムマサラ	大さじ1 + 小さじ1
黒酢	120cc
蜂蜜	小さじ1/2

作り方

1. 鶏モモ肉は1cm角に切り、Aをまぶし、常温（夏場は冷蔵庫）に30分置く。玉ねぎはみじん切りにする。
2. 鍋にゴマ油を入れて中火で熱し、玉ねぎを入れて透明になるまで炒める。
3. G&Gを入れて炒め、香りが立ったら（約1分）、弱火にしてガラムマサラを加えてさらに炒める（約1分）。
4. 中火にして鶏モモ肉を入れ、肉の表面全体が白っぽくなるまで炒める。
5. 黒酢と蜂蜜を入れ、5分程煮て肉に火が通ったら完成。食べるのは翌日以降に。約2週間冷蔵保存可能。お好みで刻んだ香菜（材料外）を振っても。

フィッシュピクルス

初めてフィッシュピクルスを食べたのは、
ケララのホテルで修業している時のまかない。
魚とわからず、でも、あまりの美味しさにびっくりしました。
イワシ、カツオなどでも作れます。

マスタード　フェネグリーク　カイエンペッパー　ターメリック

材料　作りやすい量

カジキ	250g
A　カイエンペッパー	小さじ1/2
ターメリック	小さじ1/4
塩	小さじ1
こしょう	小さじ1/4
B　ゴマ油	60cc
マスタードシード	小さじ山盛り1
フェネグリークシード	小さじ山盛り1/4
カレーリーフ	10枚（なくても可）
G&G	50g
白ワインビネガー	大さじ3
ゴマ油	大さじ2
サラダ油（揚げ油用）	適量

＊Bの後にヒング（小さじ1/2）を加えるとより本格的な味になります。

作り方

1. カジキは1cm角に切り、Aをまぶし、常温（夏場は冷蔵庫）に10分置く。
2. カジキの表面の水分をキッチンペーパーでふき取り、180℃に熱した油に入れてこんがりするまで揚げる。キッチンペーパーの上で油を切る。
3. 鍋にBを入れて強火にかける。弾け出したらカレーリーフを入れて、弾け終わる頃にG&Gを入れ、中火にして炒め、香りが立ったら（約1分）、白ワインビネガーを加えて酸味を飛ばし（約10秒）、カジキを入れて軽く混ぜ合わせ、火を止める。
4. ゴマ油を加え混ぜる。食べるのは翌日以降に。約1週間冷蔵保存可能。

CHAPTER
5

RICH FLAVOR RICE

香り立つスパイスご飯

インド人はご飯を食べる量がすごいんです。日本人の倍くらい食べるんじゃないかな。ライス多めでカレー少なめ。日本人はその逆が多いですよね。スパイスを使った米料理のバリエーションもたくさんあります。その中から日本のお米を使って簡単に作れる、炒めご飯と炊き込みご飯のレシピをご紹介しましょう。一方、結婚式やハレの日の食卓の中心に置かれるのがビリヤニ。さまざまなホールスパイス、サフラン、ナッツ、ローズウォーター、ヨーグルトに漬け込んだ肉などを贅沢に使った料理です。フタを取る瞬間はいつもドキドキ。立ちのぼる芳醇な香り、一粒一粒がパラッとして香り高いバスマティライスに具材のだしやスパイスが絶妙に染み込んで……。カレーではないスパイス料理の最高峰だと思っています。ぜひお試しあれ。

野菜ビリヤニ

野菜ビリヤニ

さまざまな野菜を使った炊き込みご飯。おもてなし料理にぴったりの一品です。
本場では一度に20〜100人前を仕込むことが多いですが、
スパイスカフェでは鋳物の鍋を使い数人前で提供しています。
いかに野菜だけでだしを取るか、と考えた結果、セミドライのミニトマトにたどり着きました。
これが味のベースになってくれます。ぜひ、炊き立てを食べていただきたい！
中に入れる野菜とトッピングする野菜は基本的に何でもOKです。
自由に、色彩豊かな旬の野菜を使ってください。

シナモン　クローブ　カルダモン
ベイリーフ　フェンネル　サフラン

材料　2〜3人分（直径14cmの鋳物の鍋使用）

バスマティライス ……………………………… 140g

A
- シナモンスティック ……………… 3cm×1本
- クローブ ………………………………… 2個
- カルダモン ……………………………… 1個
- ベイリーフ ……………………………… 1枚
- フェンネルシード …………………… ひとつまみ
- サフラン ………………………………… 25本

B
- 塩 ……………………………………… 小さじ1/2
- レーズン ………………………………… 5粒
- 野菜（ニンジン、大根、カリフラワーなど。小さく切る）……… 適量
- 香菜（粗切り） ………………… 大さじ山盛り1
- セミドライミニトマト ※1 …………… 3個
- フライドオニオン ※2 ………… 大さじ山盛り3

C
- 水 ……………………………………… 170cc
- ローズウォーター …………………… 小さじ1

（なくても可。その場合は水を175ccに）

〔トッピング〕
季節の野菜 …………………………………… 適量

D
- ショウガ（せん切り） ………… 大さじ山盛り1
- しし唐（小口切り） ……………………… 2本
- 香菜（粗切り） ………………… 大さじ山盛り1
- フライドカシューナッツ ※3 …………… 5粒

＊バスマティライスはインド産の長粒種。ビリヤニはバスマティライスを使ってこそビリヤニと呼べます。他の米ではこの香りのよさは出せません。
＊バラの花びらから抽出したローズウォーターは、ほんの少量で高貴＆エキゾチックな香りがつきます。

下ごしらえ

※1 セミドライミニトマト

ミニトマト（適量）にオリーブオイルを回しかけ、塩（そのままミニトマトを食べたらしょっぱいくらいの量）と乾燥バジル適量を振り、180℃に熱したオーブンで15分焼く。冷めるまで常温で置いた後、冷蔵庫へ。5日間冷蔵保存可能。

※2 フライドオニオン

玉ねぎ（1個）を縦半分に切り、繊維と直角に薄く切り、サラダ油（100cc）とともに鍋に入れる。強火にかけ、時々混ぜ、玉ねぎのカサが減ってきたら中火にし、均一に火が入るように時々混ぜながら加熱する。余熱で色が濃くなることを考慮し、黄金色になったらすぐに網に上げ、さらにキッチンペーパーの上で油を切る。1週間冷蔵保存可能。サラダやライスのトッピング等にも使える（P.48、88でも使用）。

※3 フライドカシューナッツ

140℃に熱したサラダ油にカシューナッツ（適量）を入れ、中弱火にしてじっくり素揚げする。フライドオニオンと同様、余熱でさらに火が入るので、薄茶色になったら上げてキッチンペーパーの上に置き、油を切る。または180℃に熱したオーブンで焼く方法も。2週間常温保存可能なので、まとめて作っておくと他の料理にも使えて便利（P.33、48、88でも使用）。

作り方

1. バスマティライスを水で洗う。割れやすいのでやさしく、とぐというより軽く混ぜて水を数回取り替える程度でOK。30分水に浸す。

2. トッピング用の野菜はそれぞれお好みで、蒸す、焼く、ゆでる、揚げるなど調理する。

3. 鋳物の鍋にAとBを入れて軽く混ぜる。バスマティライスをザルに上げ、水気を切って加える。合わせておいたCを注ぎ、フタをして強火にかける。沸騰したら火を止め、230℃に熱したオーブンに15分入れる。常温で7分蒸らす。

4. フタを開け、ライスを潰さないように軽くスプーンで混ぜる（鍋が小さいのでしゃもじだと混ぜにくい）。Dを散らし、②の野菜をのせ、230℃のオーブンで5分加熱してでき上がり。器に盛り、お好みでライタ、キャベツのマリネ（P.32）、トマトピクルス（P.82）、厚めにスライスした赤玉ねぎとくし形切りのレモンまたはライム（すべて材料外）を添える。

ライタ

作り方 ボウルにプレーンヨーグルト（1カップ）、塩（小さじ1）、ココナッツファイン（大さじ山盛り1・粗い場合はみじん切りにする）、小口切りにしたしし唐（1本）、みじん切りにしたショウガ（小さじ山盛り1）を入れてゴムベラで混ぜる。フライパンにオリーブオイル（大さじ1）とマスタードシード（小さじ山盛り1）を入れて強火にかける。弾け出したら火を止めてフタをして、弾ける音がわずかになってきたらフタを取り、先のボウルに加える。かき混ぜ、塩で味をととのえる。5日間冷蔵保存可能。

チキンビリヤニ

こちらは鶏肉バージョンのビリヤニ。
鶏肉はスパイス入りヨーグルトでマリネして焼き、まろやかさと香ばしさをつけています。
ライスの味つけにはチキンカレー(P.61)のソースを少々。
カレーを作った時に取り分けて冷凍ストックしておけば、いつでも使えて便利です。

使用スパイス: シナモン、クローブ、カルダモン、スターアニス、ベイリーフ、フェンネル、サフラン

材料　2〜3人分（直径14cmの鋳物の鍋使用）

バスマティライス	140g
鶏手羽元のマリネ ※1	2本

A:
シナモンスティック	3cm×1本
クローブ	3個
カルダモン	1個
スターアニス	1/2個
ベイリーフ	1枚
フェンネルシード	ひとつまみ
サフラン	25本
レーズン	8粒
塩	小さじ1/2

B:
水	140cc
チキンカレーソース ※2	大さじ2
ローズウォーター	小さじ1

（なくても可。その場合は水を145ccに）

C:
ショウガ（せん切り）	大さじ山盛り1
しし唐（小口切り）	2本
香菜（粗切り）	大さじ山盛り1
フライドオニオン ※3	大さじ山盛り1
フライドカシューナッツ ※4	5粒

＊当店ではAにブラックカルダモン1個も加えています。
＊バスマティライス ⇒ P.86
＊ローズウォーター ⇒ P.86

下ごしらえ

※1 鶏手羽元のマリネ
プレーンヨーグルト(200g)、ガラムマサラ(大さじ1)、カイエンペッパー(小さじ1/2)、塩(小さじ1)、フライドオニオン(25g・P.86)、オリーブオイル(大さじ2)、こしょう(適量)、G&G(大さじ山盛り1)をボウルに入れて【a】泡立て器で混ぜる。手羽元(5本)に2〜3カ所フォークを刺し、先のボウルに入れてからめ【b】、冷蔵庫に一晩置く(6時間以上)。レシピで使用するのは2本。余った手羽元はしっかり焼いてビリヤニに添えたり、単品のおかずとしてどうぞ。マリネした状態で1週間冷蔵保存可能。

※2 チキンカレーソース P.61参照。ソースのみ使用。

※3 フライドオニオン
※4 フライドカシューナッツ ともにP.86参照。

作り方

1. バスマティライスを水で洗い、30分水に浸す。
2. マリネした鶏手羽元の表面についたペーストを指で軽くぬぐい取り、サラダ油(適量・材料外)を入れて熱したフライパンで表面を焼く【c】。中心は生でOK。
3. 鋳物の鍋にA、②、水気を切った①の順に入れる。合わせておいたBを注ぎ、フタをして強火にかける。沸騰したら火を止め、230℃のオーブンに15分入れる。取り出して7分蒸らす。
4. フタを開け、ライスを潰さないように軽くスプーンで混ぜる。Cをのせてフタをし、230℃のオーブンに5分入れてでき上がり。器に盛り、お好みでくし形切りのレモンまたはライム、厚めにスライスした赤玉ねぎ、ライタ(P.87)(すべて材料外)を添える。

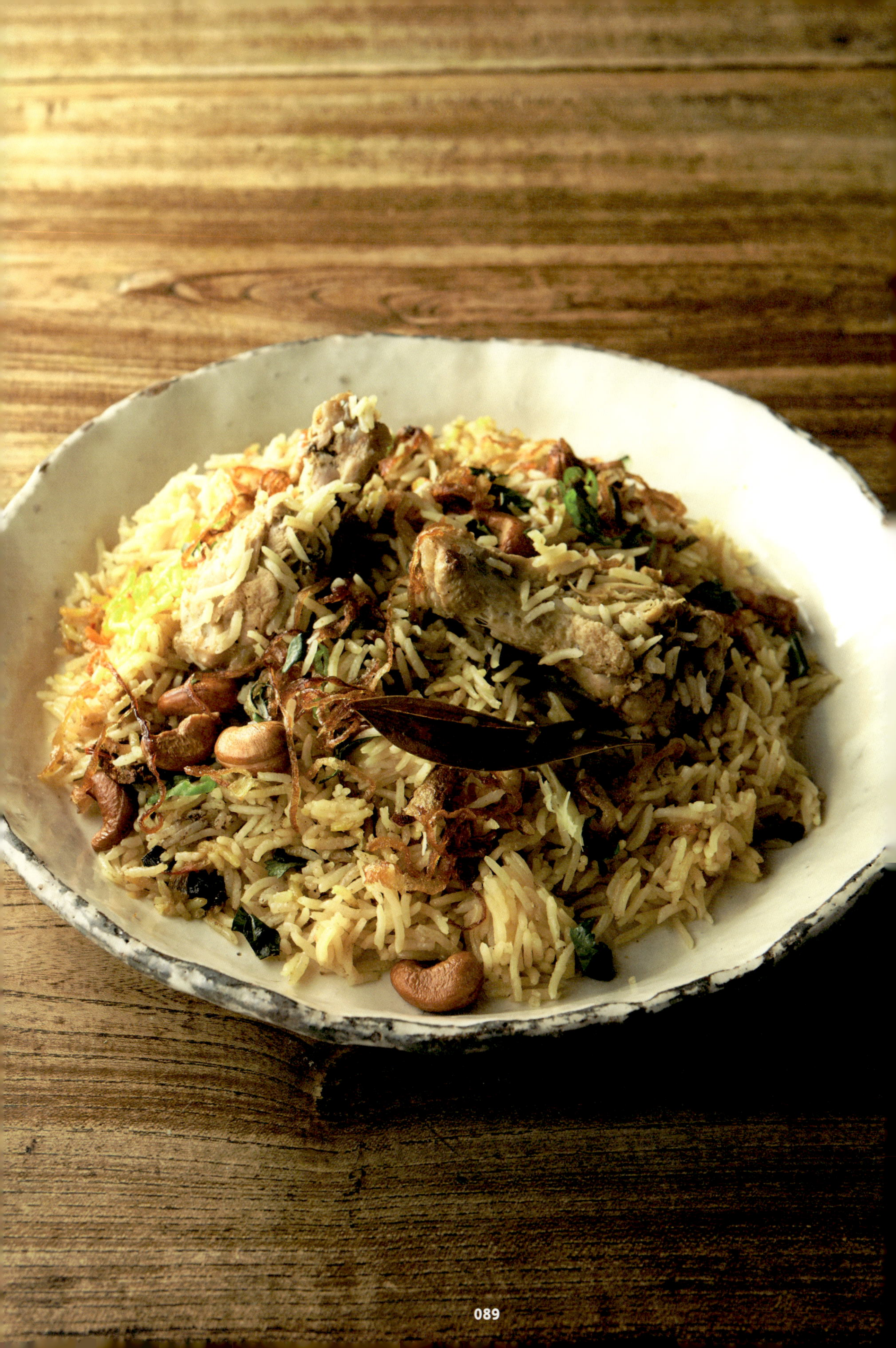

ライスバリエーション

ターメリックライス

カレーを習いはじめた頃によく作りました。
カレーに黄色いご飯がついてくると、
それだけでなぜ高揚するんでしょう。
お米とターメリック、その他の材料すべてを
混ぜて炊くだけ、簡単です。

クミンライス

バターでクミンを弾けさせライスと混ぜるだけ。
カレーなしでも旨いです。
僕はゴアに滞在中、毎日食べていました。
日本でもっとポピュラーになっていい
ライスだと思います。

RICH FLAVOR RICE

とっておきのカレーにはライスも少々おめかしをして食卓を華やかに。
カレーじゃない日もサブジや洋風のおかずに合わせてみては。

レモンライス

レモンの酸味、マスタードシードの香ばしさが
効いた、日本人の大好きな味です。
食欲のない夏におすすめ。
ラッサム(P.64)やサンバル(P.76)との
相性がよいライスです。

トマトライス

見た目はトマトケチャップライスみたい
だけれど、味は全然違います。
あっさりして、ほのかにトマトが香る感じ。
肉系カレーより野菜系カレーや
サブジなどのおかずによく合います。

ターメリックライス

ターメリック 　シナモン 　クローブ 　ベイリーフ

材料　　　　　　　　　　　　　　　　　　　　4人分

米	2合
ターメリック	小さじ1/2
シナモンスティック	2cm×1本
クローブホール	2個
ベイリーフ	1枚
玉ねぎ（スライス）	10g
オリーブオイル	小さじ1/2
塩	ふたつまみ（小さじ1/4）

作り方

1. 米をといで炊飯器に入れ、通常の水加減より大さじ3減らす。
2. その他の材料をすべて加え、よく混ぜ、通常通り炊いて蒸らしたら、ざっくり混ぜる。

クミンライス

クミン

材料　　　　　　　　　　　　　　　　　　　　2人分

白飯（かために炊いて温かい状態）	300g（茶碗小盛り2杯）
食塩不使用バター	1cm角×1個
クミンシード	小さじ山盛り1/2
塩	ひとつまみ

作り方

1. フライパンにバターとクミンシードを入れて中弱火にかける。
2. バターが溶け、クミンのまわりにフツフツと泡が出てきて、パチパチと弾けて香りがバターに移ったら白飯を入れて塩を振り、米粒を潰さないようにしてよく混ぜる（チャーハンのように炒めない）。

レモンライス

赤唐辛子 / マスタード / クミン / ターメリック

材料　2人分

- 白飯（かために炊いて温かい状態）……… 300g（茶碗小盛り2杯）
- オリーブオイル ……… 大さじ1
- A
  - 赤唐辛子 ……… 2本
  - マスタードシード ……… 小さじ山盛り1/2
  - クミンシード ……… 小さじ山盛り1/2
  - ウラドダール ……… 小さじ山盛り1/2（なくても可）
  - チャナダール ……… 小さじ山盛り1/2（なくても可）
- ショウガ（みじん切り）……… 小さじ山盛り1
- しし唐（小口切り）……… 1本
- カレーリーフ ……… 5枚（なくても可）
- B
  - 塩 ……… ひとつまみ
  - ターメリック ……… 小さじ1/2
  - レモン汁 ……… 1/8個分
- レモン ……… 適量

＊ウラドダールはブラックマッペ（モヤシ豆）で、皮なし挽き割を使用。
＊チャナダール⇒P.40

作り方

1. フライパンにオリーブオイルとAを入れて中火にかける。
2. シードが弾けて香りがオイルに移ったら、ショウガを加え、香りが立ったら、しし唐とカレーリーフを入れる。
3. 香りが立ったらBを順に加えて10秒くらい炒める。
4. 白飯を加え、火を弱めてよく混ぜる（チャーハンのように炒めない）。レモンのくし形切りを添え、お好みの量を振りかける。ミント（材料外）を添えても。

トマトライス

マスタード / クミン / フェンネル / ターメリック / カイエンペッパー

材料　2人分

- 白飯（かために炊いて温かい状態）……… 300g（茶碗小盛り2杯）
- オリーブオイル ……… 大さじ1
- A
  - マスタードシード ……… 小さじ山盛り1/2
  - クミンシード ……… 小さじ山盛り1/2
  - フェンネルシード ……… 小さじ山盛り1/2
  - ウラドダール ……… 小さじ山盛り1/2（なくても可）
- カレーリーフ ……… 5枚（なくても可）
- にんにく（みじん切り）……… 小さじ山盛り1/2
- 玉ねぎ（みじん切り）……… 1/4個
- トマト（みじん切り）……… 1個
- B
  - しし唐（小口切り）……… 1本
  - ターメリック ……… 小さじ1/2
  - カイエンペッパー ……… ひとつまみ
  - 塩 ……… ひとつまみ
  - 砂糖 ……… ひとつまみ

作り方

1. フライパンにオリーブオイルとAを入れて中火にかける。
2. シードが弾けて香りがオイルに移ったら、カレーリーフとにんにくを加え、香りが立ったら、玉ねぎを入れる。
3. 玉ねぎが透明になったら、トマトを入れ、強火にして水分を飛ばすように炒め、ペースト状になったら、中火にしてBを加えて10秒くらい炒める。
4. 白飯を加え、火を弱めてよく混ぜる（チャーハンのように炒めない）。

CHAPTER
6

SPICY & REFRESH DRINKS

体が喜ぶリフレッシュドリンク

インドでは、街の至る所にチャイ屋さんがあり、人々の憩いの場となっています。ジュースを売る屋台もあり、旅で疲れた身体をリフレッシュするのに僕はよく利用します（旅慣れていないと避ける方も多いようですが）。食事の際には、インド人は水を飲むことが多いです。レストランでミネラルウォーターを頼むと「Cold or room temperature?」と聞かれます。冷たい水と常温の水のどちら？ という意味ですね。素敵なサービスだと思います。アーユルヴェーダの宿泊施設では、常温のお茶が提供されました。さて、ここでは、スパイスを使ったヘルシーなドリンクや、本場のチャイとオリジナルのチャイ、スパイス料理と相性のよいラッシーなどのドリンクバリエーションをご紹介します。

クミンティー

クミン

インドにあるアーユルヴェーダの施設に1週間お世話になった時のこと。そこでは3食毎回、常温のクミンティーが出されました。熱くもなく、冷たくもない、常温で飲むのが体には一番やさしくてよいそうです。毎朝ドクターのカウンセリングがあるんですが、ちょっとお腹の調子が悪いといった時にも「たくさんクミンティーを飲みなさい」と言われました。とっても簡単に作れ、胃腸の調子をととのえる効果がある飲み物です。クミンシードを乾煎りしてから煮出しても美味しいです。

作り方　　　　　　　　　作りやすい量

1. 鍋にクミンシード大さじ山盛り1と水1ℓを入れて強火にかけ、沸騰したら火を弱め（シードが軽く躍る程度にして）10分煮る。
2. 茶漉しで漉して、常温まで冷ましてから飲む。

ハーバル
スパイスティー

コリアンダー　黒こしょう　カルダモン

クミンティーと同様にインドのアーユルヴェーダの施設で出されていたものです。こちらは朝一番に飲みます。コリアンダーの柑橘系の香りとレモングラスがよく合っていて、アクセントとしてかすかにカルダモンの香りが効いています。きっと、爽やかに目覚めることができますよ。

作り方　　　　　　　　　　　作りやすい量

1. ココットや瓶の底などを使ってカルダモンホール5個を粗く潰す。
2. 鍋に①とコリアンダーホール小さじ山盛り2、黒こしょうホール小さじ山盛り1、フレッシュのレモングラス3本、ショウガのスライス1枚（なくても可）、水800ccを入れて強火にかけ、沸騰したら弱火にして10分煮る。
3. 茶漉しで漉してカップに注ぐ。ホットまたは常温でどうぞ。

SPICY REFRESH DRINKS

インドのチャイ屋さんで、人々は小さなカップを手にのんびり過ごします。会話をしたり、新聞を読みながら、あるいはタバコを吸いながら一日に何度も。素敵な光景です。チャイと聞くとスパイシーで濃厚なイメージがありますが、インドのポピュラーなチャイは、スパイスは使わず、あっさりした軽い味わいです。作り方のポイントは、鍋を使い、水で茶葉を開かせること。最初から牛乳を使うとうまく開きません。一方、スパイスを使ったチャイはマサラチャイと言います。日本の気候と日本人の嗜好を考え、当店オリジナルのリッチなマサラチャイも作ってみました。どちらがお好みでしょうか？

チャイ

作り方 3～4杯分

1 鍋に水100ccとセイロン紅茶の葉ティースプーン山盛り4を入れ、強火にかけて沸騰させる。
2 茶葉が開き、水分がなくなったら水300ccと牛乳300ccを加える。
3 沸騰して噴きこぼれそうになったら、火から下ろし、数秒置いて落ち着いたらすぐに再び強火にかける。もう2回、同じ作業をくり返す。
4 茶漉しで漉しながらカップに注ぐ。砂糖はお好みで。

＊セイロンにアッサムを少々混ぜても美味。

濃厚なチャイ

シナモン　クローブ　カルダモン

作り方 3杯分

1 鍋に水100cc、セイロン紅茶の葉ティースプーン山盛り3、スパイス（シナモンスティック2cm×1本、クローブホール3個、カルダモンホール3個）を入れ、強火にかけて沸騰させる。
2 茶葉が開き、水分がなくなったら牛乳600ccを加える。沸騰したら噴きこぼれないように火を弱め（茶葉が対流する程度）10分煮る。
3 食塩不使用バター5mm角×1個を入れて溶かし、コーヒー用クリーム50ccを足してひと煮立ちさせ、火を止める。
4 茶漉しで漉しながらカップに注ぐ。砂糖はお好みで。

＊クリームは動物性の生クリームにも替えられますが、時間を置くと分離しやすいです。
＊お好みでショウガを加えれば、ジンジャーマサラチャイとなります。

スパイスエール

シナモン　クローブ　赤唐辛子

ショウガとスパイスの辛味のある刺激がガツンとくる大人のドリンクで、眠気覚ましにぴったり。味が薄まらないよう、氷は使わずに、ベースのシロップと炭酸はそれぞれ冷やしたものを合わせてください。冬場や風邪気味で喉が痛い時などには、炭酸をお湯にチェンジ。スパイスを使ったドリンク、まだまだ可能性がありますね。

材料　4杯分

ショウガ（皮をむいてざく切り）	正味200g
水	200cc
A　グラニュー糖	180g
シナモンスティック	2本
クローブホール	4個
赤唐辛子（2つに割り種を取る）	1本
レモン汁	30cc（約1個分）
炭酸	適量

作り方

1 ショウガと水をミキサーにかけてペースト状にする。

2 小鍋に①とAを入れて強火にかけ、沸騰したら弱火にして5分煮る。

3 レモン汁を加えてひと煮立ちさせ、ザルで漉す。冷めたら冷蔵庫で冷やす。1週間冷蔵保存可能。

4 グラスに③を60cc（大さじ4）注ぎ、よく冷やした炭酸で割る。分量はお好みで。

SPICY REFRESH DRINKS

ラッシー

辛過ぎるものを食べた時に水を飲んでもだめですよ。辛さが広がり、余計に辛くなります。そんな時はラッシーのような甘いドリンクを飲むと、口の中が程よく中和されます。インドではラッシーもチャイも甘くして出てきます。時には必要以上に甘いものも。お好みに合わせられるよう、スパイスカフェではガムシロップを別添えでお出ししています。

作り方　　　　　　　　　　　　　　　　　　　　1杯分

1 プレーンヨーグルト大さじ山盛り4と牛乳100ccをボウルに入れて、軽く泡立つくらいに泡立て器で混ぜる（シェーカーを使用してもOK）。
2 グラスに氷を入れて①を注ぎ、お好みの量のガムシロップを加え混ぜる。

ライムソーダ

インドの街を歩いていると、あまりの暑さにフラフラすることがあります。そんな時のオアシスが屋台の冷たいドリンクです。いろいろ種類がありますが、とりわけ僕が大好きなのがライムソーダです。小さめのライムを絞って、シロップと炭酸を目の前で注いでくれる。その爽やかさといったら！またすぐにカレーが食べたくなります。

作り方　　　　　　　　　　　　　　　　　　　　1杯分

1 ライム1個を横半分に切り、飾り用に2mm厚の輪切りを1枚切っておく。
2 スクイーザーで絞り、茶漉しを通してグラスに入れる。
3 氷を加え、輪切りライムを飾る。炭酸190ccを注ぎ、お好みの量のガムシロップを加え混ぜる。

CHAPTER

7

NO SPICE DESSERTS

締めはスパイスなしのデザートで

インドにはスパイスを使ったデザートがたくさんありますが、日本で食べると、どうもしっくりこない。強い日差しが照りつけるインドの気候のもとで、インド料理を食べた後だからこそ、ふさわしいデザートなんですね。加えて、日本人の嗜好では、スパイス料理を食べた後にまたスパイスを使ったデザートというのは、ちょっとくどく感じるのではないでしょうか。そのため、スパイスカフェのデザートのほとんどはスパイスを使っていません。飾り気はないですが、美味しさで勝負のデザートです。その中から、特に人気のあるデザートのレシピをご紹介します。もちろん、スパイス料理の後でなくても、ティータイムのスイーツにどうぞ。

オレンジとグレープフルーツのゼリー

僕はいつも、ジャンルを問わず国内外のレストランでの食事や、
たくさんのレシピ本などあらゆるものから刺激を受けてレシピを考えています。
このゼリーは、あるレストランで感動したデザートが源で、自分なりにアレンジしました。

材料　　18cm×8cm×高さ6cmのパウンド型1台分

オレンジとグレープフルーツ（ルビー）	計5個
板ゼラチン	12g
三温糖	50g
カンパリ	40cc

＊計5個の内訳は2個と3個でどちらのフルーツが多くてもOK。
＊グレープフルーツは色合いとしてルビーがきれいですがホワイトでもOK。

作り方

1. オレンジの皮を包丁で削ぎ落とす。白いスジも削ぎ落とし、薄皮と果肉の間に包丁を入れ、果肉をはずす【a】。したたる果汁をボウルで受ける。皮についた実の部分や、果肉をはずした後の薄皮に残る果汁を手で絞り、先のボウルに足す（種などが入らないよう漉し器の上で行う）。グレープフルーツも同様に行い、同じボウルに果汁をためる。
2. 板ゼラチンを氷水に入れてふやかす。
3. ①の果汁50ccと三温糖を小鍋に入れて中火にかけ、三温糖が溶けるまで混ぜながら熱し（約50〜60℃）、火から下ろす。
4. ゼラチンの水気を手でしっかり絞り、③の鍋に入れて【b】溶かす。
5. ボウルに④、①の果汁180cc、カンパリを入れ【c】、よく混ぜる。
6. オレンジとグレープフルーツの果肉を加え【d】、ボウルを氷水に当てて冷やし、とろみがついてきたら、ラップを敷いた型に流し、冷蔵庫で冷やしかためる（1時間以上）。
7. カットして器に盛り、ミント（材料外）を飾る。蜂蜜をかけても美味。

マンゴームース

インドのフルーツと言えばマンゴーを思い浮かべます。
マンゴーの木の下で、熟したマンゴーが落ちた瞬間に食べる、
そんな最高の食べ方、してみたいですね。
このマンゴームースはモコモコッとした食感が美味。
クリームの泡を潰さないよう、やさしく合わせてください。

材料　約6人分

卵黄	4個分
グラニュー糖	65g
牛乳	200cc
板ゼラチン	10g
マンゴーピューレ	340g
レモン汁	20cc
植物性クリームまたは生クリーム (乳脂肪分35%)	400cc

作り方

1. 板ゼラチンを氷水に入れてふやかす。
2. ボウルに卵黄を入れて泡立て器で溶き、グラニュー糖の約半量を入れ、よくすり混ぜる。
3. 鍋で牛乳を沸騰手前まで熱し、②に加え混ぜる【a】。
4. ③を鍋にもどし、中火にかける。耐熱ゴムベラで鍋底をなぞるように混ぜて卵がかたまらないようにし、とろみがついたら (80℃)【b】火から下ろす。漉し器で漉してボウルに入れ、氷水を当て、軽くかき混ぜながら50～60℃まで下げる。
5. ゼラチンの水気を手でしっかり絞り、④に入れて【c】溶かし、30℃くらいまで冷ます (あまり低くなり過ぎるとかたまってくるので注意)。
6. 別の大きめのボウルにマンゴーピューレとレモン汁を入れて混ぜ、⑤を加えて【d】混ぜる。
7. 別のボウルにクリームと残りのグラニュー糖を入れ8分立てにする。その1/3量を⑥に入れて【e】、完全になじむまで泡立て器で混ぜる。残りのクリームを2回に分けて加え、今度は泡をできるだけ潰さないように、底からすくい混ぜる。最後にゴムベラに替えて周囲や底からすくい混ぜ、完全に混ざったら【f】、高さが5～6cmに仕上がる容器に流し入れ、冷蔵庫で冷やしかためる (3時間以上)。
8. スプーンでくり抜いて器に盛り、マンゴージュースと泡立てたクリーム (ともに材料外。クリームには10%量のグラニュー糖とバニラエッセンス少々を加える) で飾る。

マンゴージュース

作り方　マンゴーピューレが余った場合はジュースに。ピューレ (500g)、粉糖 (小さじ3)、レモン汁 (小さじ2)、ミネラルウォーター (430cc) をボウルに入れ、泡立て器で混ぜて冷蔵庫で冷やせばでき上がり。このマンゴージュース (75cc) とプレーンヨーグルト (50g)、牛乳 (50cc) を泡立て器またはシェーカーで混ぜ、お好みでガムシロップを添えればマンゴーラッシーに。

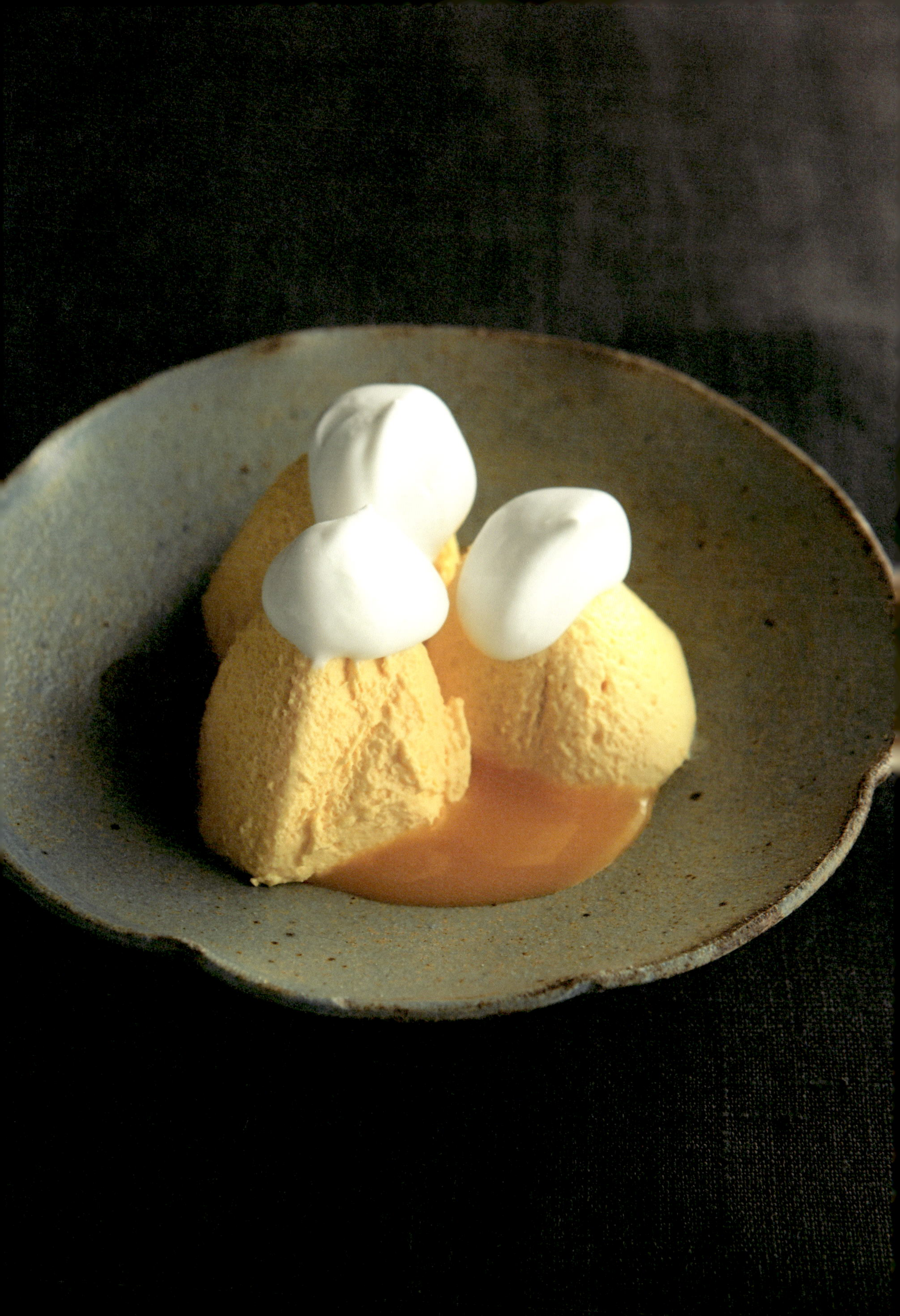

ブランマンジェ

ブラン＝白、マンジェ＝食べ物という意味の、フランスの定番デザート。
オープン当初、失敗して2層に分離した状態に仕上がってしまいました。
ところが、食べてみたら、下部はゼリーのような質感、
上部はカプチーノの泡のようにフワッとして、その違いがおもしろく美味しい！
結果、当店オリジナルのブランマンジェとして、あえてこの方法で作るようになったのでした。

材料　　　　　　　　　　　　　　約6人分

牛乳	700cc
アーモンドスライス	130g
グラニュー糖	120g
板ゼラチン	14g
アマレット	50cc
植物性クリームまたは生クリーム (乳脂肪分35%)	400cc

＊アマレットは、杏仁を使用したアーモンドのような香りのリキュール。

作り方

1. 鍋に牛乳を入れ、沸騰したらアーモンドスライスを入れて、再び沸騰したら火を止め、フタをして10分蒸らす。
2. 板ゼラチンを氷水に入れてふやかす。
3. ①をザルで漉してボウルに入れ【a】、グラニュー糖の半量を加え【b】、泡立て器で混ぜて溶かす。
4. ③のボウルを氷水に当てて60℃まで下げたら、水気を手でしっかり絞ったゼラチンを加え【c】混ぜる。さらに冷まし、常温になったらアマレットを加え【d】混ぜる。
5. 別のボウルにクリームと残りのグラニュー糖を入れ、6分立てにする。泡立て器で垂らして「8」を書くと、すっと消えるくらいの状態【e】。
6. ④に⑤を入れ、泡立て器でシャバシャバと力強く、短時間で混ぜる【f】。こうすることで2層に仕上がる。高さが4cmくらいに仕上がる容器に流し入れ、冷蔵庫で冷やしかためる (3時間以上)。
7. 適当にカットして器に盛る (2層になっているので上下をひっくり返さない)。

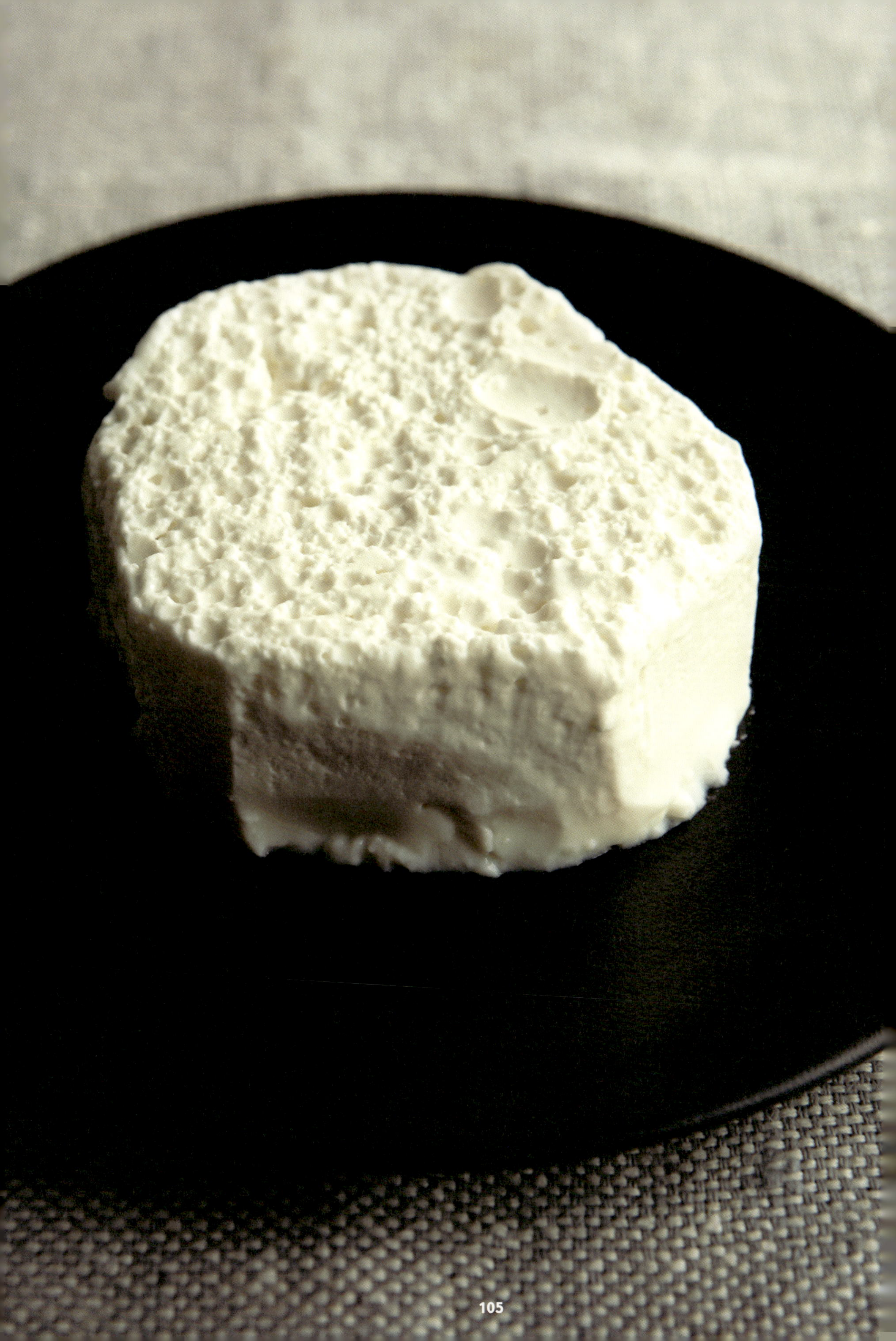

カスタードプリン

やわらかプリンとか、なめらかプリンと呼ばれるタイプが多い中、
スパイスカフェでは真逆を行こうと思いました。材料はいたって普通です。
ポイントはクリームと牛乳をしっかり煮詰めて水分を飛ばすこと。
「チーズが入っていますか？」と聞かれるくらい濃厚なプリンができました！

材料　　　　　　　　　　直径18〜19cmの型1台分

〔カラメル〕
グラニュー糖 ………………………………………… 150g
水 ……………………………………… 小さじ4（20cc）

〔プリン生地〕
A ┌ 植物性クリーム ……………………………… 500cc
　│ 牛乳 …………………………………………… 250cc
　│ バニラビーンズ ……………………………… 1/4本
　└ グラニュー糖 ………………………………… 85g
全卵 …………………………………………………… 3個
卵黄 ………………………………………………… 3個分
コアントロー ………………………………………… 25cc

＊バニラビーンズは真ん中に切り目を入れ、ナイフの背でしごいて種を取り出す。加熱の際はサヤも一緒に入れる。

作り方

1 型（ココットまたはケーキ型）に薄く食塩不使用バター（材料外）を塗る。

2 カラメルを作る。小鍋にグラニュー糖を入れて中火で熱し、外側が茶色くなってきたら木ベラや菜箸等で軽く混ぜる。全体が茶色くなり泡が大きくなってきたら、火から下ろし、水を入れてかき混ぜ（はね飛びに注意）、型に流す【a・b】。常温で冷まし、かためる。

3 深鍋にAを入れてよくかき混ぜてから強火で熱し、沸騰したら弱火にして時折混ぜながら15分程煮詰める。火から下ろし、粗熱を取る（50℃くらいになるまで）【c】。

4 大きめのボウルに全卵と卵黄を入れて、泡立て器でよくほぐす。③を漉し器で漉しながら3回に分けて加え【d】混ぜる。

5 コアントローを加え混ぜ、②に流し入れる【e】。

6 深いバットに⑤を置き、約40℃の湯をできる限り型の高さ近くまで注ぎ【f】、180℃に熱したオーブンで40分〜1時間程焼く。竹串を中心に刺すと、ふらつくが立つくらいの状態で、引き上げて何もついていなければでき上がり。オーブンから取り出し、型ごと氷水に当てる。冷めたら冷蔵庫で完全に冷やす。取り出す際は、プリンと型の接面部分を、プリンを壊さない程度に指で押し込み、型より一回り大きな皿をかぶせ、逆さまにして、皿と型を同時に数回ゆすると抜ける。それでも抜けない時は、プリンと型の間に串を差して一周させる。

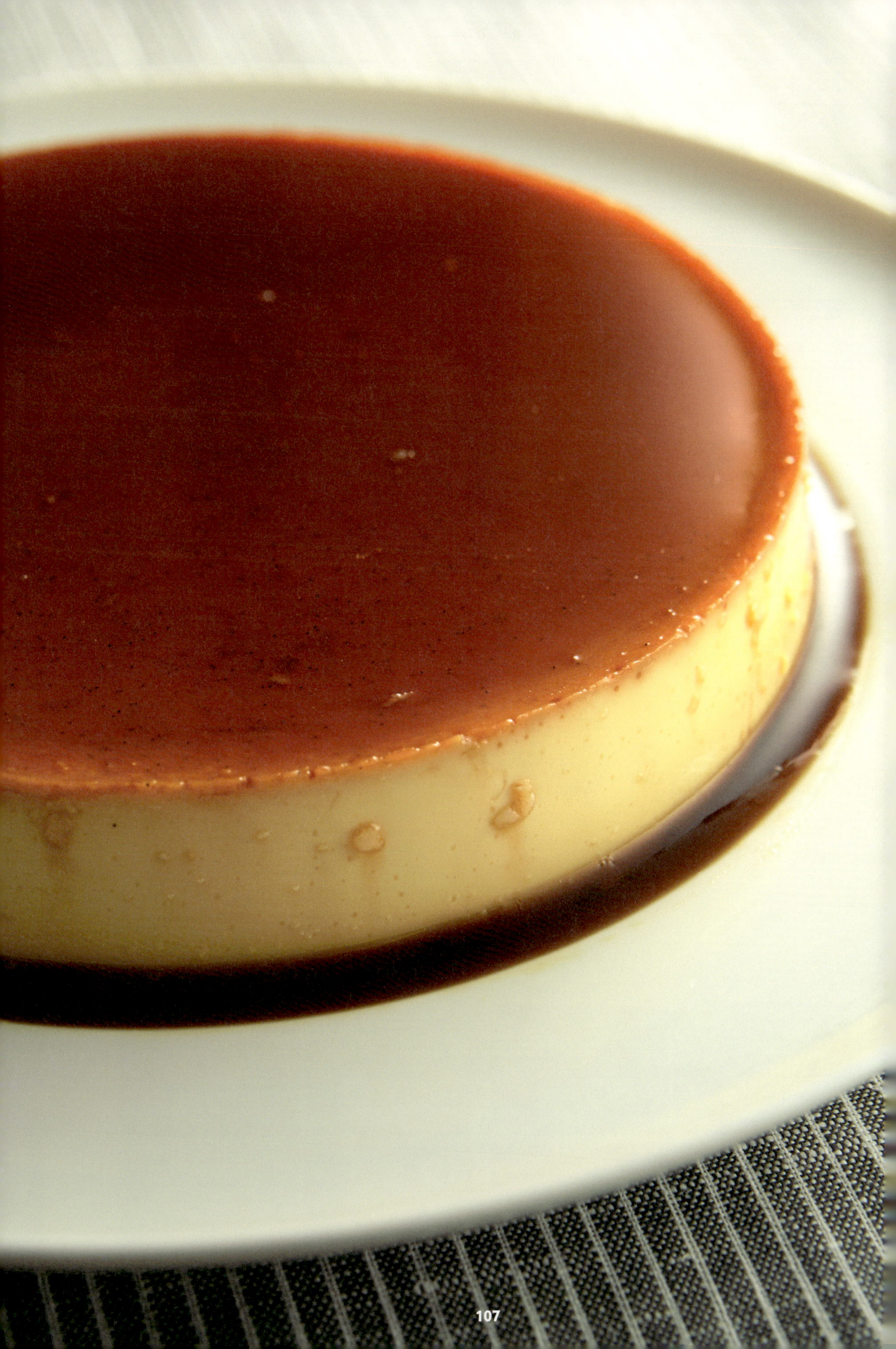

木の実のタルト

タルトにはいろいろあるけれど、木の実のタルトが僕は一番好きです。
たくさんのナッツを使った贅沢なタルト、濃厚なコーヒーと一緒にどうぞ。
ちょっと焼き過ぎかな？ と思うくらい、しっかり香ばしく焼き込むのが美味しさのコツ。

材料　直径20cmのタルト型1台分

〔タルト生地〕
- 食塩不使用バター ……………………………… 65g
- グラニュー糖 …………………………………… 65g
- 全卵 …………………………………………… 1/2個
- 薄力粉 ………………………………………… 125g
- ベーキングパウダー ……………… 1g (小さじ1/4)

〔アパレイユ〕
- クルミ …………………………………………… 60g
- アーモンドプードル …………………………… 60g
- 食塩不使用バター ……………………………… 75g
- 粉糖 ……………………………………………… 75g
- 全卵 ……………………………………………… 1個
- 卵黄 …………………………………………… 1個分
- ラム酒 ………………………………………… 20cc
- ドライフルーツ (レーズン、アプリコットなど) ……… 20〜30g

〔仕上げ用ナッツ〕
- クルミ、カシューナッツ、アーモンド、松の実など … 約160g

＊ドライフルーツは、大きいものはレーズンのサイズに切り、すべて一緒に
　ラム酒と合わせておく (できれば前日、最低1時間前)。

作り方

1. タルト生地を作る。バターをボウルに入れて常温にもどし、グラニュー糖を加えて、木ベラですり込むように混ぜる【a】。よく溶いた全卵を加えて【b】混ぜる (完全に混ざらなくてOK)。一緒にふるった薄力粉とベーキングパウダーを加えて合わせ、そぼろ状になったら【c】あまりこねないようにして手で球状にまとめる【d】。ラップで包み、冷蔵庫で1時間以上休ませる (1週間保存可能。冷凍なら2週間。使用する前日に冷蔵で解凍)。

2. 強力粉 (材料外) を振った台に①の生地を置き、同様に粉をまぶした麺棒で厚さ3mmに伸ばす。麺棒で巻き取ってタルト型に広げのせ、型に敷き込む (底と壁面のつなぎ目に生地を密着させる)【e】。上部を麺棒ですり切るようにして余分な生地を落とし、底面全体にフォークを刺して穴を開ける。冷蔵庫で1時間程休ませる (1日保存可能)。

3. アパレイユ (中身) を作る。クルミをフードプロセッサーで粉末状にする。アーモンドプードルを加え、再び回して混ぜ合わせる。バターをボウルに入れて常温にもどし、粉糖を加えて、木ベラですり込むように混ぜる。粉糖が見えなくなったところで、よく溶いた全卵と卵黄を3回くらいに分けて加え【f】混ぜる (完全に混ざらなくてOK)。先のクルミとアーモンドプードルを加え【g】混ぜ、ラム酒漬けドライフルーツを加え混ぜる。

4. ②に③を平らに詰める【h】。

5. 後でカットしやすいよう中心を少し空けて、仕上げ用ナッツを大きいナッツから詰め、すき間を小さいナッツで埋めて、手で軽く押さえる。200℃に熱したオーブンで25〜40分焼き、型に入れたまま冷ます。3日間冷蔵保存可能。

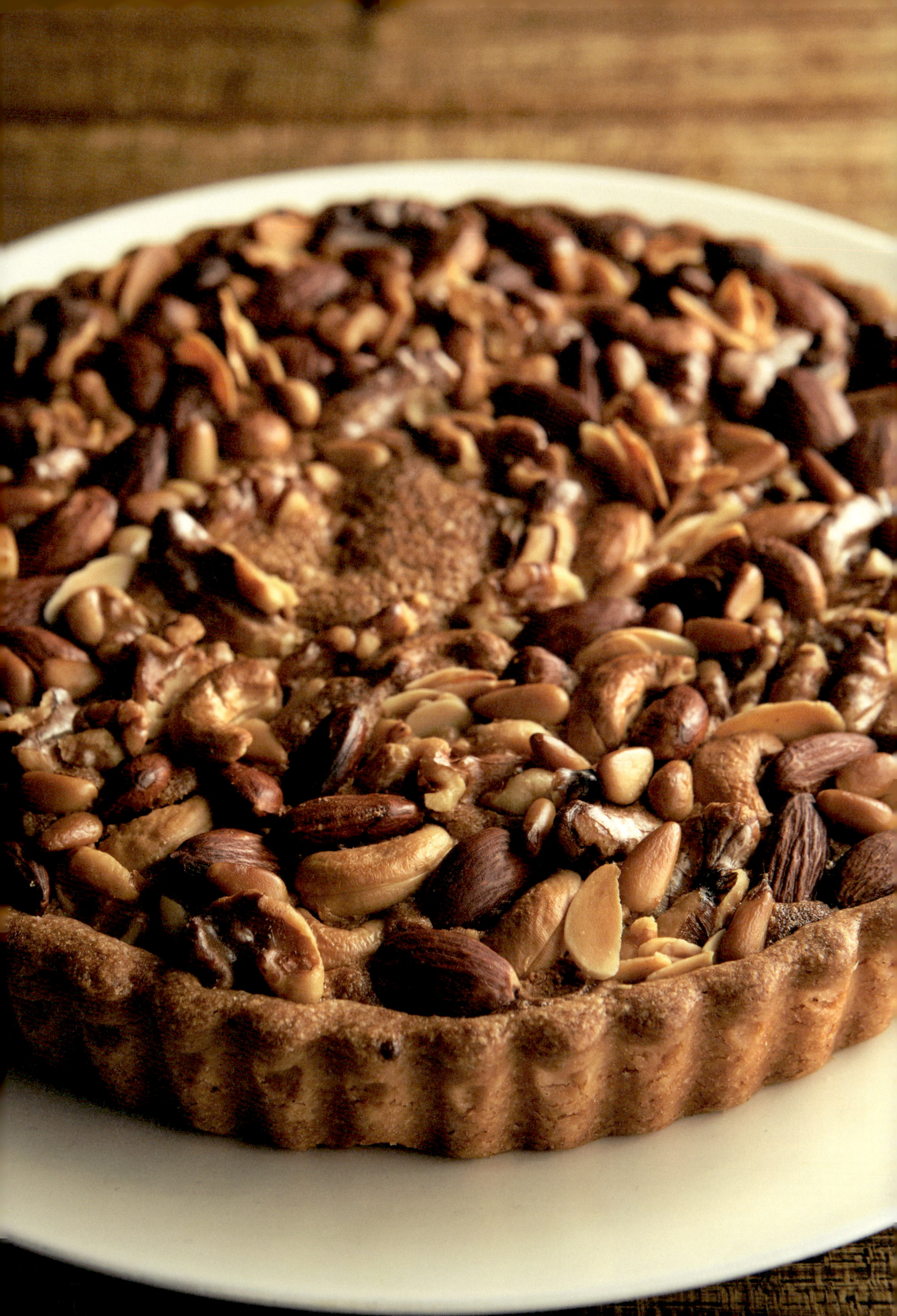

柚子と大葉のソルベ

夏に店で提供する冷たいデザートとして、いろいろな食材の組み合わせのソルベを考えました。
バジルとトマト、ヨーグルトとレモン、黒糖と蜂蜜……。どれも美味しいのですが、どこかでも食べたことのある味。
試行錯誤してできたのが、柚子と大葉の組み合わせです。意外だけれどよく合うんです。

材料　6人分

水	400cc
グラニュー糖	120g
牛乳	400cc
レモン汁	120cc（約3〜4個分）
大葉	45枚
柚子茶	200g

＊柚子茶は市販されているマーマレード状のものを使用。

作り方

1. 水とグラニュー糖を鍋に入れて強火にかけ、グラニュー糖が溶けたら牛乳を加える。沸騰したら火から下ろし、常温になるまで冷ます（氷水を当ててもOK）。
2. レモン汁を混ぜ【a】、容器に移し、冷凍庫に入れる。
3. 半分程度かたまったら取り出し、ボウルに入れる【b】。
4. 大葉の茎部分を取り除き、葉を適当に手でちぎり、柚子茶とともに③に入れて混ぜ合わせてからミキサーにかけ、ペースト状にする。
5. 容器に流し入れ【c】冷凍庫に入れる。半分程かたまったら再度ミキサーにかけ、容器に入れて冷凍する。
6. スプーンでくり抜いて器に盛り、ミント（材料外）を飾る。

CHAPTER
8

CHEF'S ESSAY

旅、スパイス、
SPICE CAFEのこと

スパイスカフェの建物は、昭和35年に建てられた木造の2階建てで、当時は祖父母が賃貸アパートとして経営していました。各階に3部屋と共同の台所、トイレがあり、お風呂はなく、みんな近所の銭湯を利用していました。どの部屋も、夫婦や子供のいる家族が住んでいました。毎日のようにおかずの交換や醤油の貸し借りが普通に行われ、誰かがまとめて子供の面倒を見たり、まとめて買物に行ったり。今で言うシェアハウスの原型みたいな所。しかし、時代の変化で賃貸アパートは閉鎖に。やがて、僕と弟が住居として使うようになり、さらに年月を重ね、スパイスカフェに生まれ変わったのです。基礎設備以外はすべて自分たちの手で店を作りました。人と、料理と、文化と、街とが繋がっていく空間にしたいと思いました。これまでのこと、そしてこれからのことをお話ししたいと思います。

ESSAY
1

48カ国3年半
僕は世界が見たくて旅に出た

世界一周の旅 〜行路〜

- 01 ニュージーランド
- 02 中国
- 03 東南アジア
- 04 インド
- 05 中央アジア
- 06 中東
- 07 アフリカ
- 08 ヨーロッパ
- 09 アメリカ
- 10 中米
- 11 南米

　世界が見たい。世界中の人と会いたい。世界中の食べ物を食ってみたい。ただ、それだけです。それだけで勤めていた会社を辞めました。

　会社員時代に、東京のインド料理教室ではじめて料理を習いました。それまで、ほとんど料理をしたことはありません。ただ、食べることと、料理が作られるのを見ていることが、なぜか好きでした。職人の家に生まれたので、両親は普段、家にいることが多く、そのため週末は毎週のように家族で外食していました。そんな環境のせいか、寿司屋のカウンターや炉端焼きで魚や野菜が焼けていくのを見ているのが大好きでした。

　趣味程度に自分でも料理ができるようになりたいと思い、どうせなら他の人があまりやっていないインド料理にしてみようか、と軽い気持ちでした。

　先生が目の前で作っていくチキンカレー。それは驚きの連続でした。スパイスの多様さとその効用に驚き、クミンが弾けてまたびっくり。でき上がったカレーの奥深さに感服したのでした。絶対に僕もカレーを作れるようになるぞ、と心に誓い、授業の帰りにスパイス一式を買って帰りました。

　翌日、早速挑戦です。あれ? クミンがいつ弾けているのか焦げているのか、よくわからない。コリアンダーパウダーとクミンパウダー、どっちがどっちだっけ? 煮込むのは強火だったか弱火だったか? 疑問だらけでぐったり。4時間以上かけて何とか完成させました。味はどうだったか、なぜか覚えていないのですが、ただ、作れた事実に感動しました。

　会社を辞め、それまでに貯めた資金で、僕は旅に出ま

した。旅のコンセプトは、とことん自由になること。ルートも期間も未定。そして、何のバックグラウンドもなく、身一つで勝負すること。が、ただ漠然と旅をしたくはない。テーマを食にして、観光地に行く時間とお金をできるだけ食に費やすことにしました。市場に行き、地元の食堂で食べ、その土地の料理を習おう、と。

ニュージーランドではハニーファームで働き、毎日蜂蜜料理を食べ、フルーツピッキングの仕事をしながら果物料理を作りました。タイでは料理学校に行き、インドではホームステイして毎日カレーを作り、トルコでは日本語を教えながら家庭料理を習いました。グアテマラではスペイン語学校に通いながら料理を習い、アルゼンチンでは仔牛の丸焼きを作り、チリではトラウトを釣って燻製にしたり。

世界中の食べ物の中で、最も興味を引かれたのがスパイスでした。インドに限らずいろいろな国でスパイスは使われています。シンガポールにはインド人街で生まれたフィッシュヘッドカレーがあり、中央アジアの羊料理はスパイスが決め手だったし、イギリスで生まれたインド料理、ティッカマサラも。北欧ではカルダモンが多用され、エチオピアのシチュー、ワットや、モロッコのタジン、南米のアロス・コン・ポジョなど、それぞれにさまざまなスパイスが使われており、スパイス料理はカレーだけじゃないと気づかされたのでした。

長期旅行者に共通の認識だと思いますが、実際に1年以上旅していると、有名な観光地に行っても、歴史的建造物や偉大な自然の景色には次第に鈍感になってきます。残るのはやっぱり食べ物と、人との出会いです。これは尽きることがありません。

旅の終盤に考えたこと、それは停滞している自分が嫌だということ。他の旅行者と話していると、「何やってるの?」という話になるわけです。「会社員だったよ」としか言えない自分がすごく悔しかった。旅の最後の頃はそんなことばかり考え、正直言って全然おもしろくなかった。早く何者かになりたかった。居場所を見つけたかった。旅の最中の自分自身は止まったまま、成長していないと感じたんです。そして、勝負するならやっぱり料理だと決心しました。

1999年7月。3年半かけて48カ国を巡った僕の旅は終わりました。

ESSAY 2

リノベーション
木造アパートがスパイスカフェになった日

　旅から帰国した僕は、オーナーシェフになるべく、修業をスタート。当初は、世界各国の料理が食べられるカフェを開こうと考えていました。まだ日本でなじみのない、例えば、エチオピア、イエメン、ボリビア、マラウイ、キルギスタンなどの料理が食べられるお店。

　でも、料理の世界に入って、それは難しいとすぐに感じました。それではどっちつかずの素人料理になってしまう。プロの料理人として生きるには、逆に一つのことに特化して専門性を持たないといけないと思い、南インド料理をベースとしたスパイス料理に絞り込むことにしました。

　イタリア料理、インド料理、スリランカ料理のレストランで計4年働き、そしていよいよ独立開業の準備です。店舗物件を探しながら、同時に食事会を何度も開きました。一度に3〜5人くらいの人に家まで来てもらい、料理を食べてもらって、100人分くらいのアンケートを集めました。その中にたまたま建築家やデザイナーがいて、僕の住んでいる、元アパートだった建物に彼らが反応したんです。「建物がとてもおもしろいから、ぜひここで店をやるべきだ」と。当時の押上はスカイツリーの影も形もなく、駅から徒歩15分以上の何もない奥まった立地は、飲食店の候補地として論外でした。しかし言われてみると、確かに家の造りも土地柄も個性的かもしれない。アパートだったので普通の家とは違うレイアウトだったし、隣街の向島や京島は、戦争・震災で焼け残った木造建築が多くあり、それに着目した外国人が写真を撮りに来たり、アーティストが移り住んできているということも知りました。

　それならばお金もないことだし、設備工事以外はセルフリノベーションしようと思いました。しかし最初は図面もなく、道具はのこぎり、金槌、バール、軍手だけ。先がまったく見えず、融資も決まらず、悶々としながら、毎日、1人で埃まみれで作業しました。

　例えば畳の撤去。粗大ゴミに出すお金はないため、畳を元のいぐさに解体したのですが、たった1畳分で70ℓのゴミ袋5袋にもなる。それが20畳以上あるのだから……まるで馬小屋状態。ああ、マッチ1本で簡単になくなるのになあ。本気で火をつけそうになりました。

　ある日は左官屋さんが手弁当で来てくれました。俺はこれで金もらってるんだ、って感じがかっこよかったです。僕も早く、料理で金もらってるんだと言えるようになりたいと思いました。

　木の廃材が大量に出て処理に困っていた時は、近所の銭湯が引き取ってくれました。その夜は、下町ならではのやたらに熱い銭湯に浸かり、心も温まりました。

　お金がないから自分で内装工事をする。これは、あまり得策とは言えないようです。時間とお金がむしろ余計にかかった気がします。本来するべき仕事もできない。でも、そんな収支なんて吹っ飛んじゃうくらいの愛着が生まれますね。柱にできた傷の一つ一つ、床板の1枚1枚、貼ったタイル1枚1枚、すべてに自分がいるのです。10カ月かけてようやく工具を調理器具に持ち替える時が来ました。2003年11月、「SPICE CAFE」の誕生です。共同の台所だったスペースをオープンキッチンにして、部屋の壁をぶち破りダイニングにしました。カウンターやテーブルは、近所でいただいた築80年の家の古材を利用したものです。2階は製菓用のキッチンと食材庫、そして僕の部屋。僕は今もここに住んでいるのです。

6-10 墨田区文花一丁目

SPiCE Cafe

ESSAY 3 海外修業
もっと旨いカレーが作りたい

　スパイスカフェは毎年2月、1カ月間休業し、僕は主にインドへ料理修業に行きます。これは開業前から決めていたことです。オーナーシェフをやっていると1日休むだけで不安になりますよ。その日の売上げはゼロになるわけだし、知らずに来てくれたお客様には迷惑をかけるわけで、もう二度と来てくれないかもしれない。しかし、西洋人にとって1カ月のバカンスは何もびっくりすることでなく、むしろ当たり前。彼らにできて日本人にできないはずがないという思いが強かったんです。オンとオフは切り離されるものではなく、オンがオフに、オフがオンに繋がり、ともにブラッシュアップされるのが僕の理想の生き方。もっと旨い料理を作りたいし、もっといい店にしたい。そのためには絶えず現地に行って勉強し、新しい空気を取り入れるべきだと思うんです。

　インドの観光地に行くと、「INDIAN COOKING CLASS」という案内をよく見ます。観光客向けの料理教室です。僕が求めているのはそれではない。あくまでもプロとして料理を勉強したい、けれど何のコネクションもない。どうするか？　答えは「騒ぐ」です。そう、いろいろな所でできるだけ騒ぐ。「俺は日本でインド料理屋をやっていてオーナーシェフだ。もっと料理が上手くなりたいんだ。プロとして勉強できる所や、料理を教えてくれる人は知らないかい？　お金はいらない。逆に何なら払ってもいい」。その日の宿の主人はもちろん、食事したレストラン、お茶したカフェ、リキシャの運転手、観光局、その辺を歩いているおじさん……。そうするうちに、有益な情報が得られ、どこからか声がかかり、町の食堂で働くようになる。そのくり返しです。

　ある時、南インドのケララにある五ツ星ホテルで仕事をする機会がありました。今までの行き当たりばったりの修業とは違います。初日、厨房に入ると、スタッフの何人かは、僕のことを上から下まで舐めるように見てい

る。値踏みされるかのような視線にゾクゾク。シェフが近づいてきて「何か日本食を作ってくれ」。

キターッと思いましたね。インド人から見たら、当然、日本人の料理人は和食が作れるはず、となるわけです。「ランチが12時からだから、それまでにとりあえず50人前」。午前10時頃だったので、ここでは12時からスタッフが飯を食うのかい? と聞きました。まかないだと思ったからです。「いや、ゲストに出すビュッフェの一品だ」。なるほど、僕にどれくらいの腕があるのかテストしようってことか。当然、挑むしかない。

料理は豚肉のショウガ焼き、キャベツのせん切り添えに決めました。甘辛い味はインドにはあまりないので目新しいだろうし、極細のふわふわのせん切りキャベツを作ったら受けるはずだと思ったからです。包丁を借りたら歯がボロボロで全然切れず、まな板は切りっぱなしの丸太で信じられないくらいデコボコでしたが、何とか11時50分頃にはできました。プロとして一番大事なのはまず、時間通りに出すことなのです。

「ゲストが話したいと言っている」と、ホールスタッフに呼ばれました。自分としては満足できないショウガ焼きを出した口惜しさと、時間までに50人前できたという満足感が交錯し、不思議な昂揚感に浸っていました。何もない所で身一つで勝負するってこういうことなんだ。できて当たり前。だってプロだから。

最近は学ぶテーマを絞り込んで修業に行きます。ビリヤニの聖地、中南部のハイデラバードでビリヤニを習う。ポルトガルの影響を受けた料理があるゴアに行く。チェンナイではタミル料理。アーユルヴェーダの宿泊施設に入って体験する。インド料理と違い、だしを使ったカレーがあるスリランカで学ぶ等々。

自分に課題を与えることで、また一つできることが増え、可能性が広がる。それが楽しいのです。

ESSAY 4

スパイスの魅力
インドにカレー味なんてないんです

　初めてインドの高級ホテルの厨房で働いた時、きっとスパイスのブースには何百種類ものスパイスがあり、中にはものすごく貴重なスパイス（ヒマラヤに夏の間だけ咲く花の、1万本に1本しか採れないつぼみとか？）があるのではないかとか、スパイスマスターがいて、その人にしかできない究極の調合レシピがあったり、100年以上続く門外不出のガラムマサラがあるのではないかと思ったのですが、そんなものはびっくりするくらいなかったです。使われていたスパイスは特に高級ではなく、有機栽培のものでもなく、家庭で使われているものと同じ普通のスパイス。インドで見た厨房には、神秘のベールはないし、秘伝のテクニック、秘密のスパイスも、驚愕の隠し味もなかったのです、残念ながら。

　では、スパイスで大切なことは何か。それは鮮度でしょう。スパイスの鮮度が香りのよし悪しを決定づけます。そしてスパイスは農産物です。いつも同じ香りではありません。常にその時のスパイスそれぞれの香りを感じながら使ってください。何年前に買ったかわからないようなスパイスは香りが飛んでしまっています。

　日本人にとって、スパイスとの関わりはまだはじまったばかり。まずは日々の料理にどんどん取り入れて慣れることです。

　そして、本当におもしろいのはその先、自分好みの調合ができるようになることです。今日はクミンの香りを強くしようとか、カルダモン、シナモン、クローブ系でいこうとか、風邪気味だからショウガのパウダーを入れるとか。一つ一つの香りを覚えて、自由に遊べたら楽しいですよね。

　日本では"辛さ○倍カレー"と呼ばれるものがありますが、あれは煮込んだ辛さではなく、後から唐辛子を足しているので、ただ辛いだけで風味も深みもありません。インド料理における辛味は、それだけを突出させるのではなく、あくまで味の構成要素の一つ。2倍酸味とか4倍苦味などと言わないのと同様です。また、インドにはカレー味の料理というものはなくて、一つ一つの料理に対して、それぞれのスパイスがブレンドされているのです。

　日本にあるインディアンレストランの多くは北インド料理です。北は粉の産地なのでパン（ナン）に合う料理、南はお米の産地なのでライスに合う料理が多い。僕の店は南インド料理をベースにしたカレーが主体ですが、現地そのままの味を出す店にはしたくありませんでした。エッセンスを汲み取りながら、日本の風土、味覚に合う料理を、スパイスカフェのフィルターを通して表現する。自分だったらどんな店に行きたいか、を徹底的に考えました。

　そうして生まれたのが、カレーコースです。カレー単体では10分で食べ終わってしまい、食事を楽しむというエンターテインメント性に欠けます。せっかく足を運んでもらうのだから、前菜から始まり、デザート、コーヒーまで、コースでゆっくり楽しんでいただける店にしようと思いました。

　各カレーに共通するベースやスープストックみたいなものはなく、それぞれで玉ねぎの切り方、スパイスの調合が違います。一つのカレーは10種類くらいのスパイスで作ることが多いです。30種類以上のスパイスをブレンドして何日も煮込んだカレーなんてインドにはありません。スパイスの数が多くなるとスパイスそれぞれの個性が失われてしまいます。そしてインドでは日本人の大好きな旨味より香りが重要視されます。

　僕の理想のカレーは、旨味をガツンと感じるものではなくて、立体的な香りを時系列的に感じることのできる交響曲のようなカレーなんです。まだまだできそうにないけれども。

119

ESSAY
5

日本のスパイス業界
ハレの日にもインド料理を

> ロンドンの新インド料理

ロンドンのモダン・インディアンレストラン各店を視察。左からパニール（チーズ）とマンゴーのサラダ ライムとチリのドレッシング クリスピーナン添え、2人用ランチセット、ホウレン草のボール トマトとフェネグリークのソース 野菜ビリヤニ添え。

　日本におけるインド料理のレベルは世界的に見てどうなのでしょうか。東京の飲食店のレベルは世界有数です。自国の和食に限らず、例えばフランス料理の一流シェフが活躍し、今や本場フランスで店を開く日本人シェフもいます。しかもミシュランの星を得ている。外国人オーナーシェフの活躍を認めるフランス文化の寛容さにも驚かされますが、日本人の料理人としてのポテンシャルを感じずにはいられません。

　一方、日本におけるインド料理業界は、残念ながら30年以上の遅れをとっていると言わざるを得ない。インドのムンバイの繁華街に日本人オーナーシェフのインド料理店があって、それが繁盛している風景なんて、思い描くことすらできません。

　まず、日本人のインド料理人の数が非常に少ない（いわゆるカレー屋さんは別ですよ）。増えない理由はなんでしょうか。それは、日本におけるインド料理のマーケットがまだまだ小さ過ぎるのです。インドの若い料理人たちは経験を積み、海外に出たがっています。ロンドンを中心にヨーロッパや、言葉や生活環境が近い中東など。やはり、海外のほうが桁違いに給料がいいからです。日本では、結婚式などハレの日の料理にインド料理が選ばれることはありません。そのため、インド人の超一流シェフが日本に来ることがないのです。ロンドンでは、インドにはないような洗練されたモダン・インディアンを提供する店が多く、5店舗以上ものインド料理店にミシュランの星がついています。

　しかし、少しずつではありますが、若い日本人のインド料理人が増えてきています。彼らは積極的にインド人と交流し、現地にも目を向けています。次の、もしくはその次の世代の日本人インド料理人がインドの一流店で活躍したり、インドでオーナーシェフとして繁盛店を切り盛りしている。そんな日が来ることを期待しています。

　沖縄では、国産スパイスの開発活動が活発に行われています。気象条件的には、ほとんどのスパイスが沖縄で栽培可能だそうです。元々、秋ウコン、黄金ウコン、島唐辛子などは香辛料として沖縄で作られていました。そこ

沖縄のスパイス栽培

国産スパイスの商品化会議の様子。国頭郡のスパイス畑では、珍しいフェネグリークまである。

にマスタードやコリアンダー、クミンなども生産しようという活動です。生産者の顔が見える安心安全なスパイス、魅力的ですよね？　産地・生産年によってもスパイスの質は違うはずです。スパイスは農産物なんですから。実際、仕入れるメーカーによってコリアンダーの香りもターメリックの色も違います。僕はひんぱんに沖縄の生産者を訪れて、国産スパイスにおける東京のマーケット、飲食店のニーズ、インドでの現状などについて意見交換をしています。

日本のインド料理業界は、和食や西洋料理の分野と違い、横の繋がりが少なかったのですが、最近、インド料理の発展のため、頻繁に交流し、活動が行われるようになりました。その中心が「Labo India」です。日本人のインド料理人が集う研究会で、玉ねぎ、スパイス、肉、油など一つのテーマで何時間も討論し、キーママタル、サグパニール、ポークビンダルなど一つのメニューを徹底的に調べたり、インド人シェフを招待して講義を受けたりしています。そして年に1度、日本人シェフの、日本人シェフによる、インド料理ファンのためのイベント「LOVE INDIA」を開催し、公式レシピ本も作りました。僕もここで憧れのシェフたちと意見を交換したり、若手シェフと話し合うことで情報量は飛躍的に増え、スパイスってこんなに楽しいんだと改めて思うようになりました。

Labo India

各シェフが順に調理実習を行い、切磋琢磨。インド料理店を食べ歩き、情報交換も。研究会の様子は冊子にまとめ販売されている。

LOVE INDIA

2011年からスタートした、日本人シェフによるインド料理ファンのためのイベント。いつもとは違うカレーを作り、トークショーなどを行っている。

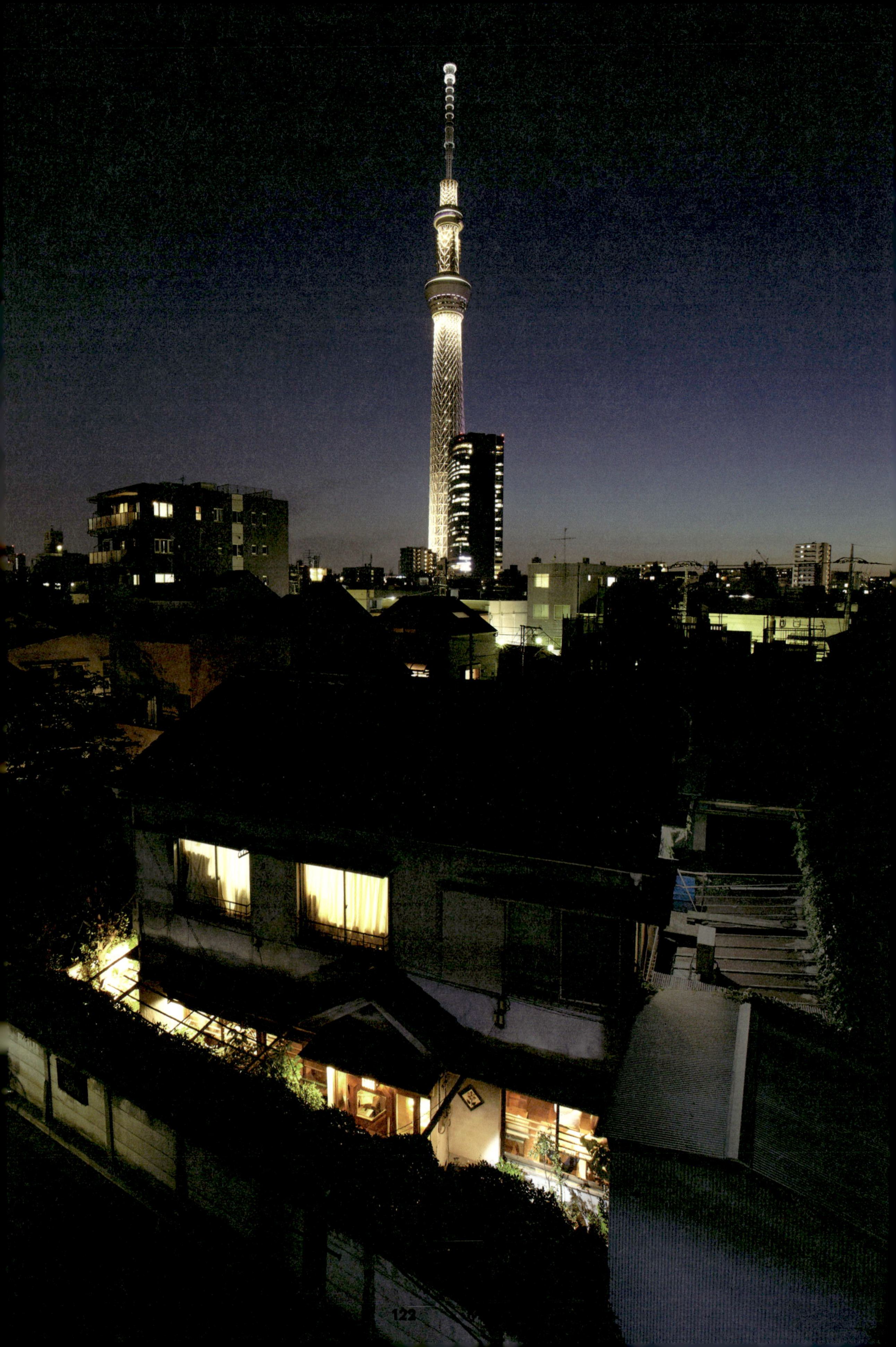

ESSAY
6

これから
スカイツリーを見上げながら思うこと

　世界を旅する間、各地でさまざまな好意を受けました。道を案内してもらったり、食事をご馳走になったり、時には涙が溢れそうになるくらい感動したこともあります。人々のやさしさに僕はどのように恩返しできるのか？ 何度も何度も考えました。与えられるものは何もない。もう一度会いに行ったり、日本で再会するなどはほとんど不可能。考え抜いた結果、今のところの自分の答えは、世界中でいただいた人々のやさしさを自分の心の栄養にして成長し、他の人や物などへ、できる範囲で貢献しようということでした。

　その一つが生まれ育った土地への貢献です。経済的に活性化させること、楽しい笑顔が溢れる街にすること。イベントを開催するのも一つの手ですが、一過性の楽しさで終わっては意味がないわけで、結果的にこの街に来てくれる人が増え、その人たちが地元でお金を使い、経済効果が生まれ、人が移り住んで来るようになる、そうなってはじめて地域貢献したと言えると思います。僕は、一店舗として圧倒的勝利をつかもう、まず、この土地のポテンシャルを示すことだと思いました。ビジネス的に成功すれば、その情報がマスコミやインターネットを通して、社会にリリースされます。

　スパイスカフェを開き、10年以上が経ちました。おかげさまで繁盛店と言われるようになり、昼夜ともに賑わいを見せています。その影響なのか、何もなかったこの土地に新しい店舗が増え、若い人たちが移り住んで来るようになりました。東京スカイツリーができてからは、海外からメールで予約が入るようになり、外国人の旅行者もこの街を歩くようになりました。

　同業者と情報交換したり、異分野のいろいろな人とも出会う中、新たにはじめたこと、これからやりたいことがどんどん増えていきます。他のジャンルの料理技術を取り入れた新インド料理の研究や、ワインとスパイスのマリアージュ、スパイスに特化した商品開発はすでに行っていますが、今後はライフスタイルショップとしてスパイスに関する情報を発信したり、国産スパイスの普及活動や、ヨガやアーユルヴェーダを含めた宿泊施設を手掛けるなど、やりたいことは尽きません。

　新しいスパイス料理・スパイス文化が日本から世界へ発信される、そんな日を夢見ています。

INDEX
さくいん

スパイス別

赤唐辛子	24、32、64、66、72、76、93、98
カイエンペッパー	12、36、38、44、46、48、50、54、56、61、64、66、68、72、74、76、82、83、88、93
ガラムマサラ	34、38、44、46、52、54、61、66、68、70、74、83、88
カルダモン	22、61、66、86、88、96、97
カレーリーフ	34、40、56、64、68、70、72、76、83、93
カロンジ	34、78
クミン	8、28、42、44、46、48、52、54、64、74、76、78、92、93、95
クローブ	20、54、56、61、66、72、74、86、88、92、97、98
黒こしょう	34、52、54、64、66、72、74、96
コリアンダー	10、29、42、46、50、56、61、66、68、70、72、74、76、96
サフラン	34、86、88
シナモン	18、52、54、56、61、66、68、72、86、88、92、97、98
スターアニス	34、56、88
ターメリック	14、30、36、38、40、42、44、46、48、50、52、54、56、61、64、66、68、70、72、74、76、78、82、83、92、93
パンダンリーフ	34、68、70
ヒング	34、76、83
フェネグリーク	34、42、50、64、68、70、72、82、83
フェンネル	26、33、48、52、86、88、93
ベイリーフ	34、66、72、86、88、92
マスタード	16、31、40、48、50、52、56、64、76、78、82、83、87、93
G&G	34、36、38、46、50、52、54、56、61、66、68、70、72、74、78、82、83、88

食材別 基本的なオイル、塩、こしょう、砂糖は含みません。

■ 野菜・香草

赤玉ねぎ	31
イタリアンパセリ	50
大葉	110
オクラ	36
蕪	12
カボチャ	18
カリフラワー	44
季節野菜各種	49、86
キャベツ	32
キュウリ	22
グリーンピース	44、72
香菜	28、30、54、64、72、76、78、86、88
ゴーヤ	38
サツマイモ	20
シイタケ	10
しし唐	10、28、40、50、54、56、78、86、87、88、93
ジャガイモ	28、40
ショウガ	86、87、88、93、96、98
ズッキーニ	26
セロリ	66
大根	30、76
玉ねぎ	36、38、40、46、48、54、56、61、66、68、70、72、74、76、78、83、86、88、92、93
トマト	36、44、46、56、61、64、68、70、74、76、78、82、93
長イモ	42
茄子	14、46、76、82
菜の花	16
ニンジン	8、40、66
にんにく	10、24、29、32、33、42、48、64、93
バジル (乾燥)	32、86
ブロッコリー	33
ホウレン草	70
ミニトマト	24、86
ミント	28
レモングラス	96
レンコン	42

■ 果物

オレンジ	101
グレープフルーツ	101
マンゴーピューレ	102
ライム	99
レモン	8、14、16、20、26、30、31、33、36、50、93、98、102、110

■ 豆

ウラドダール	93
チャナダール	40、93
ムングダール	40、64
レンズ豆	70、76

■ 肉

牛肉	31、56
鶏肉	29、61、83、88
豚肉	52、74
挽き肉	(合挽き)54、66／(鶏)72
ベーコン	66

■ 魚介

海老	33、68
カジキ	83
金目鯛	78
真アジ	50

■ 乳製品

牛乳	18、97、99、102、104、106、110
コーヒー用クリーム	97
植物性クリーム	102、104、106
生クリーム	102、104
バター	20、64、92、97、108
ヨーグルト	22、52、78、87、88、99

■ ナッツ・ドライフルーツ

アーモンドスライス	104
アーモンドプードル	108
カシューナッツ	33、48、86、88
クルミ	108
ナッツ各種	108
ドライフルーツ各種	108
レーズン	86、88

■ 米・穀物

米	92、93
バスマティライス	86、88
キヌア	30
コーンスターチ	18、38
セモリナ粉	54
全粒粉	47
薄力粉	38、108
パン粉	54

■ 飲料・リキュール

紅茶の葉	97
炭酸	98、99
トマトジュース	64、66、68
柚子茶	110
アマレット	104
カンパリ	101
コアントロー	106

■ その他

赤ワインビネガー	30
板ゼラチン	101、102、104
黒酢	83
削り節	24
ココナッツオイル	56
ココナッツファイン	87
ココナッツミルク	70
白ワイン	33
白ワインビネガー	20、32、38、52、54、74、82、83
卵	54、102、106、108
タマリンド	64、76
粒マスタード	78
蜂蜜	20、74、83
バニラビーンズ	106
ベーキングパウダー	108
マスタードオイル	48
ローズウォーター	86、88

スパイスセット販売のご案内

「スパイスを一度に何種類も揃えるのが大変」「買ってもなかなか全部使い切れない」「どんな味の料理かな？1回試せるといいのに」……。そうしたご要望にお応えします。本書のレシピの中から、配合通りのスパイスをセットにした商品をいくつかご用意し、インターネットで販売いたします。まずは気軽に試してみませんか？
詳しくは下記のスパイスカフェホームページをご覧ください。

スパイスカフェHP
http://www.spicecafe.info

伊藤 一城
Kazushiro Ito

1970年、東京都・墨田区生まれ。大学卒業後、空間デザインの会社に4年間勤務。食をテーマに世界一周の旅を計画、3年半で48カ国を巡る。あらゆる料理との出会いの中で、特にラッサムをはじめとする南インド料理に衝撃を受け、自分の料理店を持つことを決意。帰国後、イタリア料理店で1年、インド料理店で2年、スリランカ料理店で1年経験を積む。実家が所有する1960年築の木造アパートを改造し、2003年11月「SPICE CAFE」を開業する。2021年には2号店となるスリランカ料理店を日本橋兜町にオープンし、SPICE CAFEが「ミシュランガイド2022」にてビブグルマンに選出される。

SPiCE Cafe
スパイスカフェ

〒131-0044 東京都墨田区文花1-6-10
Tel. 03-3613-4020
http://www.spicecafe.info

写真　　青谷 慶
デザイン　根本真路
編集　　渡辺由美子（アノニマ・スタジオ）

SPICE CAFEのスパイス料理
日々のおかずと、とっておきカレー

2014年 7月12日　初版第1刷発行
2022年 8月12日　初版第6刷発行

著者　　　伊藤一城
発行人　　前田哲次
編集人　　谷口博文
　　　　　アノニマ・スタジオ
　　　　　〒111-0051 東京都台東区蔵前 2-14-14 2F
　　　　　Tel. 03-6699-1064
　　　　　Fax.03-6699-1070
　　　　　http://www.anonima-studio.com
発行　　　KTC中央出版
　　　　　〒111-0051 東京都台東区蔵前 2-14-14 2F
印刷・製本　株式会社広済堂ネクスト

内容に関するお問い合わせ等は、上記アノニマ・スタジオまでお願いします。
乱丁本・落丁本はお取替えいたします。
本書内容の複製・転写・放送・データ配信などはかたくお断りいたします。
定価はカバーに表記してあります。

ISBN 978-4-87758-727-7 C2077
© 2014 Kazushiro Ito, printed in Japan

アノニマ・スタジオは、
風や光のささやきに耳をすまし、
暮らしの中の小さな発見を大切にひろい集め、
日々ささやかなよろこびを見つける人と一緒に
本を作ってゆくスタジオです。
遠くに住む友人から届いた手紙のように、
何度も手にとって読みかえしたくなる本、
その本があるだけで、
自分の部屋があたたかく輝いて思えるような本を。